Die besten Förderspiele von 0 bis 6 Jahren

Gerda Pighin

Die besten Förderspiele
von 0 bis 6 Jahren

*So unterstützen Sie
die Fähigkeiten Ihres Kindes*

Alle in diesem Buch veröffentlichten Abbildungen sind urheberrechtlich geschützt und dürfen nur mit ausdrücklicher schriftlicher Genehmigung des Verlages und der Urheberin gewerblich genutzt werden.

Die im Buch veröffentlichten Ratschläge wurden von der Verfasserin sorgfältig erarbeitet und geprüft. Eine Garantie kann dennoch nicht übernommen werden, ebenso ist eine Haftung der Verfasserin beziehungsweise des Verlages und seiner Beauftragten für Personen-, Sach- und Vermögensschäden ausgeschlossen.

Bibliografische Information der Deutschen Bibliothek
Die Deutsche Bibliothek verzeichnet diese Publikation in der Deutschen Nationalbibliografie; detaillierte bibliografische Daten sind im Internet über http://dnb.ddb.de abrufbar.

Urania Verlag
in der
Verlagsgruppe Dornier GmbH
Postfach 80 06 69, 70506 Stuttgart

www.urania-verlag.de
www.verlagsgruppe-dornier.de

© 2005 Urania Verlag, Stuttgart
in der Verlagsgruppe Dornier GmbH
Alle Rechte vorbehalten.

Produktion: Medienprojekte München
Layout, Satz, Illustrationen: Robert Erker, Augsburg
Redaktion: Cornelia Osterbrauck, Ulrich Grasberger
Umschlaggestaltung: Behrend & Buchholz, Hamburg
Umschlagbild: getty images © Tony Anderson
Printed in Germany

ISBN 3-332-01706-3
ISBN 978-3-332-01706-9

Inhalt

Erstes Kapitel
Die ersten drei Monate 11

Was jetzt im Körper passiert	13
Wie sich die Sinne entwickeln	14
Was Ihr Kind jetzt braucht	16
Die besten Förderspiele	17
Massage	17
Badespaß	18
Musik	18
Klangspiele	19
Greifen	19
Mobile	19
Turnen	20
Figuren	20
Gesichter malen	20
Grimassen	20
Sitzen	20

Zweites Kapitel
Vierter bis sechster Monat 21

Was Ihr Kind jetzt schon alles kann	22
Die besten Spiele fürs zweite Vierteljahr	25
Gymnastik	25
Krabbeln	26
Geben – nehmen	26
Gießkanne	26

Fingertupfen	27
Trommeln	27
Wind	27
Fliegen	27
Klatschen	27
Entdeckungsreise	28
Kitzelspaß	28
Fallen	28
Verstecken	28

Drittes Kapitel
Siebter bis neunter Monat — 29

Was Ihr Kind jetzt alles lernt — 30
Das braucht Ihr Baby jetzt — 34
Die schönsten Spiele — 34

Auslassen	34
Turm abreißen	34
Ballspiele	35
Wasserspiele	35
Tauziehen	35
Fingergesicht	35
Küsschen	36
Spielzeugregen	36
Hund und Katze	36
Knisterpapier	36
Häschen und Verstecken	37
Schaukeln	37
Fingerverse	38
Hoppe, hoppe Reiter	38

Viertes Kapitel
Zehnter bis zwölfter Monat — 39

Das lernt Ihr Kind in den nächsten Monaten	40
Die besten Spiele	43
Musikspiele	43
Geschicklichkeitsspiele	44
Fingerspiele	44
Wasserspiele	46
Tobespiele	47

Fünftes Kapitel
Das zweite Lebensjahr — 49

Die körperliche Entwicklung	50
Die geistige Entwicklung	51
Die Sprachentwicklung	53
Die soziale Entwicklung	54
Die besten Förderspiele	55
Spiele zum Denken und Gestalten	55
Bewegungsspiele	57
Ballspiele	59
Spiele für die Hände	60
Spiele zum Hören	62
Spiele zum Schauen	64

Sechstes Kapitel
Das dritte Lebensjahr 67

So verändert sich der Körper 69
Die geistige Entwicklung 69
Die motorische Entwicklung 71
Die soziale Entwicklung 71
Die besten Förderspiele 73
   Rollenspiele 73
   Gestaltungsspiele 75
   Erkundungsspiele 76
   Klangspiele 78
   Spiele mit anderen Kindern 80
   Bewegungsspiele 82

Siebtes Kapitel
Das vierte Lebensjahr 85

So verändert sich der Körper 87
Die motorische Entwicklung 88
Geistige und psychische Entwicklung 88
Die soziale Entwicklung 90
Spiele 91
   Denkspiele 92
   Rollenspiele 94
   Musikspiele 96
   Kreativspiele 97
   Verkehrsspiele 99
   Bewegungsspiele 100

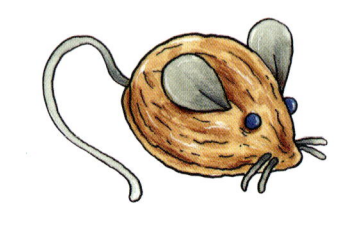

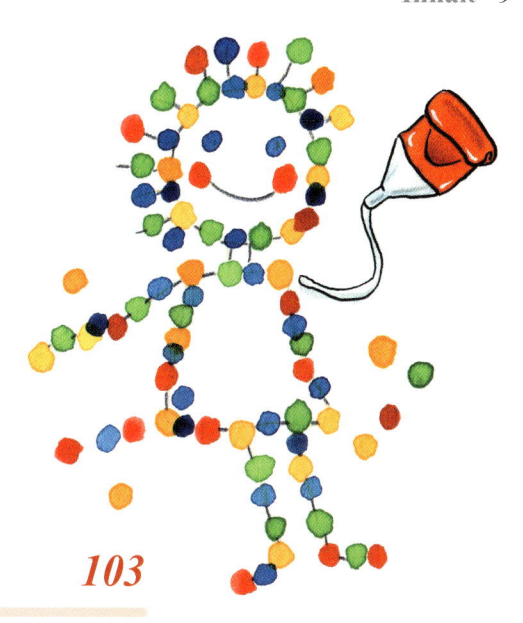

Achtes Kapitel
Das fünfte Lebensjahr 103

Wie sich der Körper entwickelt	105
Die motorische Entwicklung	105
Die geistige Entwicklung	106
Die soziale Entwicklung	107
Spiele	108
Spiele für die Sinne	109
Musik und Rhythmus	110
Denkspiele	113
Gestalten	115
Bewegungsspiele	117

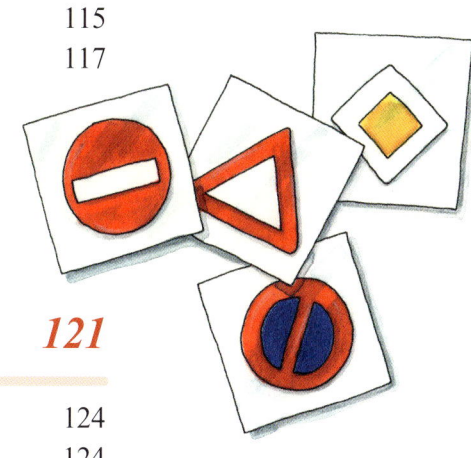

Neuntes Kapitel
Das sechste Lebensjahr 121

So verändert sich der Körper	124
Die motorische Entwicklung	124
Die geistige Entwicklung	125
Die soziale Entwicklung	127
Spiele	128
Spiele zum Sprechen und Denken	128
Musikspiele	131
Spiele für Wahrnehmung und Konzentration	132
Malen und Gestalten	133
Bewegungsspiele	135

Zehntes Kapitel
Die beste Ernährung für Kinder   139

Die Ernährung im ersten Lebensjahr	140
Ernährungstabelle fürs erste Lebensjahr	143
Kleinkind-Ernährung	143

Elftes Kapitel
Rechtzeitig mögliche Störungen erkennen   147

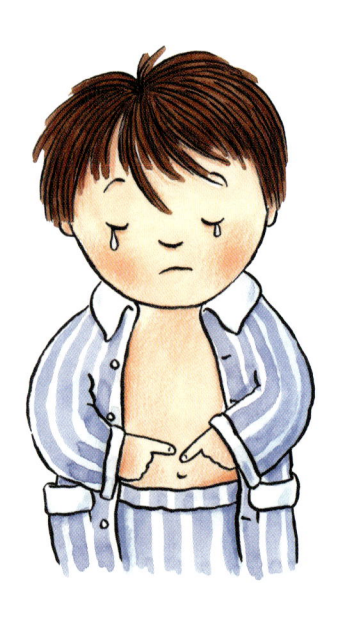

U1 – nach der Geburt	148
U2 – Basisuntersuchung, 3. bis 10. Lebenstag	148
U3 – 4. bis 6. Woche	149
U4 – 3. bis 4. Monat	149
U5 – 6. bis 7. Monat	150
U6 – 10. bis 12. Monat	150
U7 – 21. bis 24. Monat	151
U8 – 3 ½ bis 4 Jahre	151
U9 – 4 ¾ bis 5 Jahre	152
Die ersten sechs Lebensjahre im Überblick	153
Die körperliche Entwicklung	153
Geistige und soziale Entwicklung	154
Entwicklung der Sinne	156
Entwicklung der Sprache	157
Gesundheitsvorsorge auf einen Blick	158
Impfungen	158
Register	159
Nützliche Tipps und Adressen	159

Erstes Kapitel

Die ersten drei Monate

Alle Fähigkeiten und möglichen Talente, die Ihr Kind später im Leben auszeichnen können, schlummern gleichsam von Anfang an im Verborgenen in Ihrem Kind. Es gilt sie mit wachsamen Augen auch wirklich zu erkennen und von Beginn an entsprechend zu fördern.

Das Kind ist geboren. Mit seinem ersten Schrei hat es die Umwelt auf sich aufmerksam gemacht. So, als wollte es sagen: „Jetzt bin ich da. Nehmt mich an!" Für die Eltern ist das der glücklichste Moment. Ein Augenblick, auf den sie neun Monate lang gewartet haben.

Was wird wohl aus diesem winzigen Wesen einmal werden? Ein Teil der Antwort steht schon bei der Geburt fest, auch wenn sie niemand kennt. Denn jedes Kind wird mit vielen verschiedenen Anlagen geboren. Alles, was aus ihm werden könnte, bringt es praktisch schon mit auf die Welt. Was letztendlich aber wirklich daraus wird, welche Anlagen sich entwickeln, welche verkümmern, hängt davon ab, wie es versorgt, erzogen, gefördert wird.

Als Mutter und Vater haben Sie die Möglichkeit, Ihrem Kind die Hilfestellung zu geben, die es braucht, um groß zu werden, sich zu entwickeln und zu entfalten. Das fängt gleich nach der Geburt an. Doch keine Angst: So schwer, wie es vielleicht am Anfang aussehen mag, ist es nicht. Denn ein Kind bringt nicht nur Anlagen mit auf die Welt, sondern auch eine ganze Menge Fähigkeiten. Ein Neugeborenes ist keineswegs das passive und handlungsunfähige Wesen, für das es über Jahrhunderte hinweg gehalten wurde – im Gegenteil. Es hat bereits eine Reihe ganz erstaunlicher körperlicher und sozialer Fähigkeiten. So ist es etwa in der Lage, selbst dafür zu sorgen, dass sein Körper sich dem Leben außerhalb des Mutterleibs anpasst. Eine gewaltige Leistung, denn es muss von einer Minute zur anderen von einem Leben im Wasser auf das an der Luft umschalten. Und sofort nach der Geburt nimmt es Kontakt zu seinen Eltern auf. Es schaut die Mutter an, wenn es nach der Geburt auf ihrem Bauch liegt, öffnet nach ein paar Minuten den Mund, sucht die Brust, an der es trinken möchte. Ein wichtiger Moment, in dem die Beziehung zwischen Mutter und Kind die erste feste Bindung erhält. Kaum geboren, können Babys ihre Bedürfnisse zeigen, ihre Umgebung auf sich aufmerksam machen und dazu bringen, das zu tun, was sie fürs Überleben brauchen. Wenn Sie als Mutter oder Vater auf diese Signale achten, wenn Sie nicht einem bestimmten Wunschbild nachhängen, wie Ihr Kind sein soll, sondern offen sind, seine Eigenarten und Bedürfnisse zu akzeptieren und ihnen nachzugeben, werden Sie in den ersten Monaten automatisch alles richtig machen. Bei allem, was Sie jetzt mit Ihrem Kind tun, lernt es. Egal, ob Sie mit ihm spielen, schmusen, es füttern, mit ihm reden, singen oder baden.

Was jetzt im Körper passiert

Mit dem ersten Schrei im Leben setzt beim Neugeborenen die Lungenatmung ein. Während der Schwangerschaft hat es den nötigen Sauerstoff aus dem mütterlichen Blut über die Nabelschnur bekommen. Gleich nach der Geburt entfalten sich die Lungenbläschen, es atmet jetzt selbst. Im Schlaf atmet es rund 40-mal in der Minute, also sehr schnell. Im wachen Zustand, wenn es sich bewegt, schreit, freut oder Kummer hat, kann die Atemfrequenz erheblich schneller sein.

In den ersten Wochen nach der Geburt stellt sich auch der Blutkreislauf um. Das Blut läuft ja jetzt nicht mehr über die Nabelschnur, sondern nimmt seinen eigenen Weg durch Herz und Lunge. Die Hauptverbindung des Lungen- und Körperkreislaufs schließt sich. Das Herz schlägt noch sehr schnell – 100- bis 140-mal in der Minute (im Wachzustand kann es auch schneller sein).

Höchstleistung des Stoffwechsels in den ersten Monaten

Auch der Stoffwechsel des Säuglings muss in den ersten Lebensmonaten besonders viel leisten. Die Versorgung mit Nährstoffen geht nicht mehr automatisch über das mütterliche Blut. Ein Kind wächst jetzt so schnell wie nie wieder in seinem Leben. Bereits in den ersten sechs Lebensmonaten verdoppelt es sein Körpergewicht (am Ende des ersten Lebensjahres hat es sich verdreifacht). Das bedeutet, dass Ernährung und Flüssigkeitszufuhr in diesen ersten Monaten besonders wichtig sind. Ein Säugling braucht pro Tag siebenmal so viel Flüssigkeit wie ein Erwachsener, nämlich 150 Milliliter pro Kilogramm Körpergewicht.

Muttermilch – die optimale Ernährung für Ihr Kind

Die beste Versorgung für Ihr Baby ist die Muttermilch. Sowohl Nährstoffe als auch Flüssigkeitsmenge sind genau abgestimmt.

Besonders empfindlich ist in den ersten Monaten das Verdauungssystem. Die Darmschleimhaut reift erst langsam zu ihrer vollen Leistung. Deshalb ist die Ernährung mit Muttermilch oder, falls Sie aus irgendeinem Grund nicht stillen können, einer passenden künstlichen Säuglingsmilch und der langsame Übergang (etwa ab dem vierten bis sechsten Monat) zur Babynahrung so wichtig.

Schenken Sie so viel Nähe wie möglich

Die ganze Schwangerschaft hindurch war Ihr Kind bestens geschützt, doch nach der Geburt muss es alles allein bewältigen. Wie gut tut es da, wenn die wohl vertraute Stimme und der Herzschlag der Mutter wieder ganz nah am Ohr ist und Ihr beschützender Körper bei der Arbeit mit der eigenen Körperwärme hilft! Wenn Sie Ihr Kind nah am Körper tragen, können Sie zu jeder Zeit leicht die Körpertemperatur Ihres Kindes überprüfen.

Zu den größten Schocks bei der Geburt gehört der Kälteschock. Neun Monate war das Baby in einer gleich bleibenden Temperatur von rund 37 Grad warm eingehüllt. Jetzt muss der kleine Körper selbst dafür sorgen, dass er nicht zu kalt wird. Das ist besonders wichtig, denn die gleich bleibende Körpertemperatur ist für alle Lebensfunktionen notwendig. Doch bis die automatische Regelung gelingt, vergehen ein paar Wochen. Das heißt für Sie als Eltern: In den ersten Wochen nach der Geburt müssen Sie Ihr Baby vor Abkühlung, aber auch vor Überhitzung sorgfältig schützen.

Wie sich die Sinne entwickeln

Nicht jedes Schreien oder Weinen Ihres Babys bedeutet gleich, dass es Schmerzen verspürt. Ihm stehen halt noch nicht viele Ausdrucksmöglichkeiten zur Verfügung. Aber mit der Zeit lernen Sie die feinen Nuancen von einfachem Unwillen bis hin zu wirklichen Schmerzen zu unterscheiden.

Jeder Mensch bekommt aus seiner Umwelt ständig Informationen. Er muss einerseits diese Informationen aufnehmen, sie sortieren, ordnen und darauf reagieren können. Andererseits braucht er auch die Möglichkeit, selbst auf die Umwelt einzuwirken.

Um Informationen aufzunehmen, hat der Mensch die Sinne: Hören, Riechen, Sehen, Schmecken, Tasten. Verarbeitet werden die Informationen vom Nervensystem. Beides – Sinne und Nervensystem – entwickeln sich, zum Teil schon vor der Geburt, in engem Zusammenhang.

Die am besten entwickelten Sinnesorgane bei der Geburt sind die Haut (mit dem Tastsinn) sowie der Lage- und Bewegungssinn. Mit der Haut lassen sich unterschiedliche Temperaturen, Schmerz und Tastreize spüren. Schmerzen empfinden Säuglinge allerdings nicht sofort. Das liegt daran, dass die Leitungen (Nerven), die den Impuls ans Gehirn weitergeben, noch nicht so schnell sind wie beim älteren Kind oder Erwachsenen.

Auch Temperaturunterschiede spüren Säuglinge erst dann, wenn sie mindestens fünf Grad betragen. Das kann gefährlich werden. Denn eine Reaktion auf zu große Hitze oder Kälte kommt erst, wenn die noch sehr empfindliche und verletzliche Haut schon Schaden genommen hat.

Fortschritte beim Riechen, Schmecken, Hören und Sehen

Der Tastsinn hingegen ist bereits bei der Geburt optimal entwickelt. Das spüren Sie als Mutter oder Vater, wenn Sie Ihr Baby eng an Ihren Köper schmiegen. Es reagiert gut gelaunt und entspannt auf diese Berührung.

Neugeborene können auch schon riechen und schmecken. Zwar sind diese Sinne direkt nach der Geburt noch nicht so ausgeprägt wie einige Monate später. Doch schon nach sechs bis acht Tagen kann ein Neugeborenes seine Mutter am Geruch von einer fremden Person unterscheiden. Hören kann das Baby bereits im Mutterleib. Kurz nach der Geburt wirkt es allerdings meist etwas schwerhörig. Das liegt daran, dass Hören im Mutterleib etwas anders funktioniert.

Bisher war es von Wasser umgeben, jetzt kommen die Schallreize durch die Luft. Hinzu kommt, dass nach der Geburt die Gehörgänge oft noch eine Weile mit Flüssigkeit – abgestorbenen Hautzellen aus dem Fruchtwasser und Ohrenschmalz – verstopft sind (das verschwindet aber von allein). Doch schon nach ein paar Wochen werden Sie feststellen, dass Ihr Kind den Kopf nach Ihnen dreht oder zusammenzuckt, wenn Sie es ansprechen oder wenn es ein anderes Geräusch wahrnimmt.

Lange Zeit wurde angenommen, dass Neugeborene nichts sehen können. Das stimmt nicht. Zwar hat der Säugling noch nicht seine volle Sehschärfe und ist weitsichtig, weil die Entwicklung der Netzhaut und des Augapfels noch nicht abgeschlossen ist. Doch kann bereits das Neugeborene einen Gegenstand (oder ein Gesicht) für kurze Zeit fixieren. Im zweiten Monat macht es das dann spontan. Zu diesem Zeitpunkt beginnt auch das räumliche Sehen. Farben und Helligkeitsunterschiede nimmt das Neugeborene vermutlich nur schwach wahr. Aber bereits nach acht bis zehn Wochen mag es eindeutig lieber bunte Sachen; es kann also Farben erkennen. Und es kneift die Augen zusammen und macht ein unglückliches Gesicht, wenn es direkt in helles Licht schaut.

Die Nervenzellen beginnen sich zu verknüpfen

Das Nervensystem, das komplizierteste Organ des Menschen, ist beim Neugeborenen noch nicht ganz fertig. Die Nervenzellen sind zwar fast vollzählig vorhanden, auch einige wichtige Verbindungen sind da, etwa vom Rückenmark zu den Organen und Muskeln oder von den Sinnesorganen zum Zentralnervensystem.

Was aber fehlt, sind die vielen kleinen Leitungen zwischen den einzelnen Nervenzellen, die es dem Menschen erst möglich machen zu denken, koordiniert zu handeln und sich optimal zu bewegen. Diese „Schaltungen" bilden sich in den ersten beiden Lebensjahren aus, während die endgültige „Verdrahtung" etwa mit dem dritten Lebensjahr abgeschlossen ist. Durch den Umgang mit dem Kind in der Familie erfährt dieser Entwicklungsprozess die nötige Unterstützung in Form von geistiger Anregung sowie von sozialen Kontakten und Bewegung.

Kinder wollen und brauchen Anregungen

Aufmerksame und liebevolle Eltern werden bemerken, wie ihr Kind nahezu jeden Tag Fortschritte in seiner Entwicklung macht und ständig etwas Neues hinzulernt. So werden zum Beispiel seine Bewegungen koordinierter oder der Kontakt mit der Umwelt wird intensiver. Sie können feststellen, wie sehr Ihr Kind von sich aus daran interessiert ist, Neues wahrzunehmen. Dabei braucht es Ihre Unterstützung und die der restlichen Familie, denn nur so kann es sich optimal entwickeln. Öffnet es gleichsam ein Fenster und nichts ist davor, wird es das Fenster wieder schließen und nicht so schnell wieder öffnen.

Was Ihr Kind jetzt braucht

Nahrung, Schlaf, Bewegung, frische Luft, Zuwendung und geistige Anregung sind die Dinge, die Ihr Baby in den ersten Lebensmonaten am dringendsten braucht. Am Anfang ist es wahrscheinlich für Sie gar nicht so einfach herauszufinden, was es gerade will. Doch um eines müssen Sie sich keine Sorgen machen – dass Sie nicht merken, wann es etwas haben möchte. Denn jedes gesunde Kind hat die Fähigkeit, seine Bedürfnisse zu spüren und mitzuteilen – und zwar von Geburt an. Es wird immer mit Unruhe oder Schreien reagieren, wenn es etwas braucht. Sie müssen nur noch herausfinden, was es ist. Ob es Hunger hat, getragen werden möchte, eine saubere Windel benötigt, ihm kalt oder zu warm ist, ob es schlafen oder mit Ihnen spielen will.

Ihr Kind zeigt Ihnen auch, wann es genug hat. Was Sie tun müssen, ist sensibel sein, auf die Signale achten und sie richtig deuten. In den ersten Wochen nach der Geburt ist das bestimmt keine leichte Aufgabe. Denn die ganze Situation ist auch für Sie noch neu. Auch Eltern müssen sich umstellen, müssen das neue Familienmitglied, die Beziehung zueinander, die Aufgaben und Pflichten der Babypflege, erst einmal in ihren Tagesablauf einbauen. Aber je besser Sie auf Ihr Baby eingehen können, desto schneller werden Sie die unterschiedlichen Bedürfnisse voneinander unterscheiden können.

Körperliche und seelische Bedürfnisse im Lot

Und noch eine Sorge können Sie beiseite legen: dass Ihr Baby zu viel von Ihnen verlangt (wenn es Ihnen in den ersten stressreichen Wochen nach der Geburt auch manchmal so vorkommen mag). Denn das System von Bedürfnissen und ihrer Befriedigung reguliert sich beim Säugling selbst. Das heißt, er wird nur dann etwas verlangen, wenn er es wirklich braucht, und er wird nur so viel verlangen, wie er braucht. Das gilt für die körperlichen Bedürfnisse, wie Trinken oder Schlafen, ebenso wie für die seelischen, wie Spielen oder Schmusen. Erst größere Kinder, die sich ihrer selbst bewusst sind, können manchmal zu viel verlangen und müssen dann in ihre Schranken verwiesen werden. In den ersten Monaten kann man sich ohne Gefahr vom Säugling führen lassen und ruhig allen seinen Wünschen nachgeben.

Ihr Kind zeigt Ihnen deutlich, wann es Freude oder vielleicht Unbehagen empfindet. Und mit der Zeit wird es für Sie immer leichter, die entsprechenden Zeichen zu deuten.

Die besten Förderspiele

In den ersten Wochen werden Sie mit Ihrem Kind noch relativ wenig Zeit mit Spielen verbringen. Es schläft 15 bis 16 Stunden am Tag. Dazwischen – ungefähr in einem Vierstundenrhythmus, ohne Rücksicht auf Tag oder Nacht – will es gefüttert, gebadet, frisch gewickelt und ausgefahren werden. Trotz dieser scheinbar „langweiligen" Zeit braucht es aber schon jetzt Anregungen und Zuwendung. Es interessiert sich bereits für seine Umwelt. Zwar kann es selbst noch nicht aktiv werden, etwa einen Gegenstand in die Hand oder in den Mund nehmen, doch es macht ihm Freude, etwas anzuschauen, herumgetragen, gewiegt, gestreichelt und berührt zu werden. Und all das fördert die Entwicklung seiner Sinne, seiner geistigen und körperlichen Fähigkeiten. Für die nachfolgenden Spiele brauchen Sie keine Extrazeit. So können Sie beim Wickeln, Füttern oder Baden mit dem Kind spielen. Wenn sich zwischendurch mal einige ruhige Minuten ergeben, ist es umso besser. Eine „Spielstunde" mit dem Baby dauert in den ersten Monaten sowieso nicht länger als höchstens 15 Minuten, weil es schnell wieder müde wird.

Massage

Berührung und Hautkontakt ist für ein Baby lebenswichtig. In vielen Ländern, besonders in tropischen, gehört die Baby-Massage zur ganz normalen Pflege. Die Menschen vermuten, dass das Baby dadurch stärker wird. Wahrscheinlich haben sie Recht, denn mittlerweile weiß man auch bei uns, dass sich beispielsweise früh geborene Kinder besser entwickeln, wenn sie regelmäßig sanft massiert werden. Sie können Ihrem Baby also nur Gutes tun, wenn Sie es massieren.

Am besten setzen Sie sich dazu bequem auf den Boden und legen Ihr Baby auf Ihre Beine. Im Zimmer sollte es sehr warm sein. Mit einem guten Öl, das ebenfalls angewärmt sein soll (ebenso wie Ihre Hände), reiben Sie Ihr Baby sanft von den Schultern abwärts bis zu den Zehen ein. Es reicht ganz wenig Öl, sodass nur ein dünner Film auf der Haut ist. Das Gesicht nicht einölen. Dann massie-

Bei einer Spieldose werden gleich mehrere Sinne angesprochen und auch geschärft: das Gehör und die Augen. Fasziniert wird Ihr Kind jeder Drehung der Figur folgen und der Musik lauschen.

ren Sie sanft und leicht (aber auch nicht zu leicht) den kleinen Körper von oben nach unten. Erst die Brust, die Arme und die Hände, dann den Bauch, die Beine und die Füße. Am Gesicht Ihres Kindes können Sie ablesen, ob es ihm gefällt und gut tut. Danach legen Sie das Baby auf den Bauch, quer über Ihre Beine, und massieren den Rücken. Mit sanften Händen streichen Sie auf und ab, und am Schluss kommen einige streichende Griffe von oben nach unten. Das ist sehr entspannend.

Eine Bauchmassage ist besonders gut, wenn Ihr Baby Blähungen hat: Sie beginnen auf der rechten Seite und ziehen die Hände stetig streichend nach links über den ganzen Bauch. Das wiederholen Sie mehrmals.

Mit der Babymassage können Sie beginnen, sobald das Kind vier Wochen alt ist. Wenn Sie genügend Zeit haben, sollten Sie Ihr Kind einmal täglich massieren. Reicht Ihnen die Zeit nicht, so bringt eine gelegentliche Massage auch etwas. Auf jeden Fall ist eine seltene, aber liebevolle Massage besser als eine, die in Hektik und Unruhe ausgeführt wird.

Badespaß

Die meisten Kinder haben von Anfang an großen Spaß am Baden. Kein Wunder, schließlich sind sie neun Monate lang im warmen Wasser der Fruchtblase geschwommen. Ein Element also, das nicht nur dazu da ist, den Körper zu reinigen. In der Badewanne lassen sich auch mit ganz kleinen Kindern schon lustige Spiele veranstalten: Legen Sie Ihr Kind auf Ihre flache Hand und „schubsen" Sie es so ein wenig weg von sich. Dann ziehen Sie es wieder langsam heran, dann schubsen Sie es wieder weg. Auch lustige bunte Entchen oder anderes Badespielzeug wie flache Plastikboote sind schon für ganze Kleine etwas. Solange sie selbst noch nicht greifen können, schauen sie den schwimmenden Gegenständen aufmerksam nach.

Musik

Ihr Baby liebt jede Geräuschart – wenn sie nicht so laut ist, dass es erschrickt. Singen Sie ihm deshalb Lieder vor. Es kommt nicht darauf an, ob Sie besonders gut singen können. Sie werden auch mit „schlechter" Stimme das musikalische Talent Ihres Kindes nicht verderben. Wenn Sie singen, hat das Baby über sein Gehör Kontakt mit Ihnen. Es schärft seine Sinne, bekommt ein Gefühl für Rhythmus. Singen können Sie immer. Wenn Sie das Baby wickeln oder baden, wenn Sie mit ihm spielen oder Gymnastik machen, wenn Sie es herumtragen, wiegen oder massieren. Aber auch andere Geräusche sind Musik in Babys Ohren. Beispielsweise eine Spieluhr, die über seinem Bettchen hängt, eine Rassel oder ein Glockenspiel. Und natürlich auch Musik aus dem Radio oder vom Kassettenrecorder.

Optische Anregungen 19

Klangspiele

Nehmen Sie verschiedene Geräuschquellen, zum Beispiel eine Rassel, einen Schlüsselbund und Ihre Finger, mit denen Sie schnippen. Machen Sie dann abwechselnd damit Geräusche. Einmal vor dem Gesicht des Babys, danach auf der einen Seite und dann auf der anderen Seite, zuletzt hinter dem Kopf und wieder vor dem Gesicht. Vielleicht dreht es schon den Kopf danach?

Greifen

Legen Sie einen Finger in die Handfläche des Babys. Es wird sofort fest zugreifen. Das ist ein Reflex, der sich erst im Laufe der ersten Monate verliert. Dennoch macht dem Kind dieses Berührungsspiel Spaß. Wenn Sie dabei das Gesicht nahe an sein Gesicht halten und lächeln, freut es sich besonders. Im zweiten Monat wird es zum ersten Mal zurücklächeln.

Ein großartiges Erlebnis für Sie als Mutter und ein wichtiger sozialer Entwicklungsschritt für Ihr Baby.

Mobile

In den ersten Lebensmonaten freut sich Ihr Kind über alles, was sich bewegt. Am liebsten sieht es Gesichter. Das der Mutter ist natürlich absoluter Favorit. Über dem Bettchen lassen sich gut bewegliche Dinge aufhängen, die Ihr Kind in aller Ruhe betrachten kann: zum Beispiel ein aufgeblasener Luftballon, der mit einem Gesicht bemalt ist, bunte Bänder, die an einer Leiste oder an einem Ring befestigt sind, verschiedene Gesichter auf Karton oder Sperrholzplatten gemalt und in unterschiedlichen Höhen aufgehängt, bunte Kugeln, die zu einem Mobile zusammengehängt sind. Wechseln Sie ab und zu das Material aus, damit das Kind immer wieder etwas Neues zu sehen bekommt.

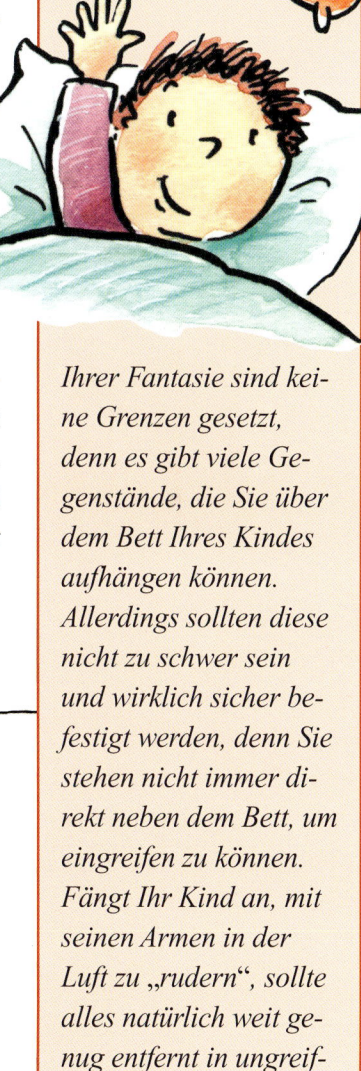

Achten Sie auf die nötige Sicherheit

Ihrer Fantasie sind keine Grenzen gesetzt, denn es gibt viele Gegenstände, die Sie über dem Bett Ihres Kindes aufhängen können. Allerdings sollten diese nicht zu schwer sein und wirklich sicher befestigt werden, denn Sie stehen nicht immer direkt neben dem Bett, um eingreifen zu können. Fängt Ihr Kind an, mit seinen Armen in der Luft zu „rudern", sollte alles natürlich weit genug entfernt in ungreifbarer Höhe angebracht sein.

Turnen

Nehmen Sie die Hände Ihres Babys und breiten Sie seine Arme nach den Seiten aus – ganz sanft natürlich. Kreuzen Sie sie über seiner Brust, und breiten Sie sie dann wieder auseinander. Führen Sie die Hände über den Kopf senkrecht in die Höhe. Machen Sie auch gegenläufige Bewegungen mit den Armen: einen Arm nach oben, den anderen nach unten. Einen auf die Brust, den anderen nach außen. Am Ende kreuzen Sie beide Arme über der Brust. Danach kommen die Füßchen dran: strecken, beugen und spreizen, gleichzeitig und gegenläufig. Immer mehrmals in alle Richtungen. Spüren Sie einen Widerstand, hören Sie damit auf.

Babys lieben Bewegung und Kontakt – beides gibt es beim gemeinsamen Herumtoben. Allerdings muss für diesen Spaß die Halsmuskulatur schon gefestigt sein und Ihr Baby seinen Kopf selbst halten können.

Figuren

Schon nach einer Lebenswoche können Sie Ihr Baby damit erfreuen, wenn Sie ihm etwas zum Schauen bieten. Halten Sie bunte Gegenstände vor sein Gesicht, zum Beispiel einen knallroten kleinen Ball, eine grüne Rassel, ein blaues Püppchen. Zappelt es mit Händen und Füßen und fixiert den Gegenstand? Dann macht ihm das Spiel Spaß.

Gesichter malen

Das können Sie beim Wickeln machen: Sie „malen" das Gesicht Ihres Babys mit dem Finger nach, sanft und streichelnd. Die Augenbrauen, Nase, Oberlippe, Unterlippe, Wangen, Kinn und Ohren. Zum Abschluss einmal mit der ganzen Hand ums Gesicht streicheln. Dabei können Sie ein Liedchen singen oder einfach die entsprechenden Gesichtsteile benennen: Das sind deine Augenbrauen, Wangen, Ohren ...

Grimassen

Sie beugen Ihr Gesicht ganz nah zum Gesicht Ihres Babys. Schauen Sie es eine Weile nur an. Dann verziehen Sie Ihren Mund, erst zu einem Lächeln, dann zu einer Grimasse, wobei Sie die Nase kraus ziehen und die Zunge herausstrecken, eines nach dem anderen. Lassen Sie dem Baby genug Zeit, Ihr jeweils verändertes Gesicht genau anzuschauen. Es wird auch sein Gesicht verändern, selbst ein klein wenig Grimassen ziehen.

Sitzen

Natürlich kann Ihr Baby jetzt noch nicht richtig sitzen. Das sollte es auch noch nicht. Doch was ihm Spaß macht: Wenn Sie es an den beiden Armen nehmen und ein wenig hoch ziehen. In den ersten vier Wochen muss das besonders behutsam geschehen, denn da bleibt der Kopf noch nach hinten hängen – also nicht zu hoch ziehen. Aber schon im dritten Monat hebt es den Kopf schon selbst einen Moment hoch. Die Halsmuskulatur ist stärker geworden.

Zweites Kapitel

Vierter bis sechster Monat

Jetzt lernt Ihr Baby fast jeden Tag etwas Neues hinzu. Die Bewegungen werden koordinierter, der Kontakt mit der Umwelt differenzierter. Aufmerksame Eltern können feststellen, wie sehr ihr Kind daran interessiert ist, vorwärts zu kommen, seine Fähigkeiten auszubauen. Es übt und übt. Manchmal mag das etwas zufällig aussehen, doch bei genauer Beobachtung stellt man fest, dass jede Bewegung, jedes „Kunststück", das dem Baby gelungen ist, von ihm voller Freude immer und immer wiederholt wird.

Was Ihr Kind jetzt schon alles kann

Im **vierten Monat** probiert es ständig seine Muskeln aus. Wenn es auf dem Bauch liegt, streckt es Arme und Beine aus, hebt den Kopf, zieht die Schultern zurück und macht regelrechte Schwimmbewegungen. Der ganze Körper schaukelt oft auf dem Bauch.

Zieht man es an den Händen nach oben, geht der Kopf mit. Der ganze Körper ist dabei angespannt, das Kind wirkt sehr konzentriert. Die Muskeln, die den Kopf halten, sind jetzt schon viel kräftiger. Hält man das Baby etwa im Sitzen in einer seitlichen Lage, bleibt der Kopf gerade. Die Bewegung wird ausgeglichen.

Es strampelt kräftig mit den Beinen, streckt sie manchmal aus oder stellt sich ganz fest darauf, wenn es gehalten wird. Das sind wichtige Übungen fürs spätere Laufenlernen. Und noch einen bedeutenden Entwicklungsschritt macht das Baby jetzt: Es kann seine Hände über der Mitte seines Körpers zusammenbringen. Diese Fähigkeit löst eine ganze Reihe neuer Interessen bei ihm aus. Es kann jetzt nämlich seine Hände betrachten, was es auch ausgiebig über den Tag hinweg tut, und mit seinen Fingern spielen.

Die Bewegung der Hand in den Mund übt es unentwegt, denn über Hand und Mund lernt es seine Umwelt zu „begreifen". Da ist kein weiter Weg mehr, Spielzeug, das ihm in die Hand gegeben wird, in den Mund zu stecken. Und durch das prüfende In-den-Mund-Stecken lernt das Baby Eigenschaften wie hart und weich, glatt und rau, warm und kalt kennen und unterscheiden.

Jetzt hört die Mutter ihr Baby auch zum ersten Mal richtig laut lachen. Es hat sich aus dem Lächeln der vorigen

Monate entwickelt. Je mehr Grund ein Baby zum Lächeln hatte, desto lustvoller und lauter wird es jetzt auch seiner Freude Ausdruck geben. Hinzu kommen die ersten Brabbellaute – ein Juchzen, Prusten und Blasen – , die es über den Tag hinweg ständig wiederholt.

Die Eltern können in aller Regel jetzt schon sehr gut unterscheiden, was ihr Baby möchte, wenn es weint. Aber auch das Baby selbst hat sein Weinen verändert. Ist es ärgerlich oder gar wütend, dringt das entsprechende Geschrei durchs ganze Haus. Hat es Schmerzen, hört es sich wieder anders an. Ebenso, wenn es Hunger hat oder eine frische Windel braucht. Sowohl beim Lachen wie beim Weinen hat das Kind jetzt viel bessere und differenziertere Möglichkeiten sich auszudrücken.

Im **fünften Monat** unterbricht das Baby seine Bauchschaukelbewegungen oft dadurch, dass es einen oder beide Arme aufstützt. Der Kopf ist kräftig genug, um oben zu bleiben. Jetzt kann es schon viel mehr von seiner Umgebung sehen. Und es betrachtet alles um sich herum auch sehr ausgiebig. Da kann es natürlich passieren, dass es wieder zusammenplumpst, wenn es etwas über seinem Kopf zum Anschauen gibt. Es stützt sich auf die Arme und dreht den Kopf so weit herum, bis es umkippt – und völlig unerwartet auf den Rücken rollt. Aber auch diese Bewegung übt es weiter, macht sie immer wieder, wenngleich es sich von allein nicht mehr auf den Bauch drehen kann.

Ziehen Sie Ihr Baby jetzt an den Armen zum Sitzen hoch; es beugt den Kopf nach vorne, die Arme und Beine sind dabei angewinkelt, Bauch- und Rückenmuskeln angespannt. Halten Sie es unter den Armen fest, werden seine kleinen Beinchen zu regelrechten Säulen. Es steht auf den Zehenspitzen und hält – welch ein Fortschritt – für Sekunden sein ganzes Körpergewicht.

Die ersten wichtigen Schritte zum sozialen Bewusstsein

Halten Sie ihm ein Spielzeug vors Gesicht, zappelt es vor Freude und streckt – ein weiterer Fortschritt – seine Hände danach aus. Es kann Gegenstände jetzt schon willentlich berühren, allerdings noch nicht greifen. Alles, was sich bewegt und was Töne von sich gibt, ist in diesem Alter besonders spannend für das Baby. Seine Augenmuskeln sind so gut trainiert, dass es mehrere Minuten lang konzentriert und fasziniert etwa ein Mobile beobachten kann.

Je nachdem wie die Mutter (oder sonst ein Familienmitglied) mit dem Kind spricht, wird es mit freudigem Lachen oder einem angstvollen, ratlosen oder erstaunten Gesichtsausdruck reagieren. Es kann nämlich jetzt schon gut unterscheiden, ob es freundlich, liebevoll oder barsch und streng angesprochen wurde.

Entsprechend reagiert es auch auf den Gesichtsausdruck seiner Mitmenschen. Sieht man es ernst oder ärger-

Auch den Ausdruck seines Stofftieres kann das Baby in diesem Alter mit seiner gewonnenen Unterscheidungsfähigkeit erkennen.

lich an, bekommt es Angst und fühlt sich nicht wohl. Wird es hingegen angelächelt, lächelt es zurück und zappelt freudig. Ein Beweis für die Eltern, dass ihre verschiedenen Verhaltensweisen von ihrem Kind registriert und verstanden werden – positive wie negative.

Verlust der Neugeborenenreflexe und Entwicklung der Sinne

Laute, die Ihr Baby jetzt schon kann, übt es weiter, kombiniert sie, erfindet neue dazu. Da gibt es allerdings Unterschiede. Manche Babys sind ruhiger, plappern nicht so viel oder verwenden auch nur einige wenige Laute. Andere hingegen sind während ihrer Wachzeit unentwegt recht „redefreudig". Beides ist normal.

Der **sechste Monat** bringt einige weitere erhebliche Fortschritte. So kann das Baby jetzt endgültig greifen. Der Reflex aus der Neugeborenenzeit hat sich restlos verloren. Hält man ihm einen Gegenstand hin, streckt es sofort einen Arm danach aus und greift danach. Das kann es sogar dann, wenn es auf seine beiden Arme aufgestützt ist – was es jetzt besonders oft und lange tut, um möglichst viel von der Umgebung mitzubekommen. Will es etwas greifen, verlagert es das Körpergewicht einfach auf den einen Arm (ohne umzufallen) und streckt den anderen nach dem Gegenstand aus. Ein ebenfalls sehr großer Schritt ist die Fähigkeit, Spielzeug von einer in die andere Hand zu nehmen. Das ist der endgültige Sieg über den Greifreflex des Neugeborenen, denn wäre dieser noch vorhanden, könnte es den Gegenstand nicht loslassen, um ihn mit der anderen Hand aufzunehmen. In erster Linie wandern jetzt aber alle Gegenstände in den Mund. Deshalb ist es wichtig, dass es nur Dinge in seiner Reichweite findet, die nicht gefährlich sind. Also keine spitzen, giftigen, scharfkantigen oder auch zu kleine Sachen, die es verschlucken könnte.

Das Gehör ist mittlerweile sehr fein ausgeprägt. Das Kind kann mit beiden Ohren gleich gut hören, ein Geräusch also auch genau lokalisieren. Raschelt man etwa mit einem Papier, das das Kind noch nicht gesehen hat, in einer Ecke des Zimmers, schaut es sofort dorthin.

Fremdeln – ein wichtiger Schritt im Sozialverhalten

Die riesengroßen Entwicklungsschritte der letzten Monate haben auch das Sozialverhalten des Kindes beeinflusst. Im sechsten Monat fängt es an, zwischen bekannten und unbekannten Menschen zu unterscheiden. Es lächelt oder lacht spontan nur noch, wenn es eine vertraute Person ansieht – die Mutter, den Vater, Geschwister oder Verwandte. Kommt es mit Fremden in Kontakt (das können auch bekannte Personen sein, die es längere Zeit nicht gesehen hat), wird es erst sehr ernst und zurück-

Da in dieser Entwicklungsphase Ihr Baby seine Umwelt auch mit dem Mund „begreift", ist oberste Achtsamkeit geboten. Würden die Schleife am Mäuseschwanz oder die Nase und die Augen nicht absolut fest sitzen, könnte ein Unglück geschehen.

haltend das Gesicht betrachten, manche Babys weinen sogar angstvoll. Häufig werden sie jedoch sofort fröhlich, wenn die unbekannte Person lächelt oder freudige Gesten macht.

Seine Sprachentwicklung trainiert das Kind jetzt mit langen Silbenketten „da-da-da-da", „mem-mem-mem-mem" und so ähnlich. Oft werden die Eltern morgens mit einer solchen „Litanei" von ihrem Kind geweckt.

Das Schlafbedürfnis wird von Monat zu Monat geringer. Vom vierten bis zum sechsten Monat schlafen Kinder durchschnittlich 12 bis 14 Stunden, davon rund sieben Stunden in der Nacht. Doch gerade hier gibt es große individuelle Unterschiede. Manche sind schnell müde und wollen mehrmals täglich ein Nickerchen machen, kommen also auf ziemlich viele Schlafstunden. Andere dagegen sind munter und schlafen weniger. Solange das Kind gesund ist, keinen übellaunigen oder schlappen Eindruck macht, ist kein Grund zur Sorge gegeben.

Die besten Spiele fürs zweite Vierteljahr

Alle folgenden Spiele sollen Ihnen und Ihrem Kind Spaß machen. Sie fördern gleichzeitig die motorische, soziale und geistige Entwicklung in diesem Alter. Ihr Kind lernt beim Spielen. Und Lernen heißt, einen dauerhaften Verknüpfungsvorgang im Gehirn herstellen. Nach wie vor gehören zärtliches Schmusen, Herumgetragen und Geschaukeltwerden, d. h. Haut- und Körperkontakt mit Vater und Mutter zu den wichtigsten Aspekten der Zuwendung. Doch Ihr Baby will jetzt noch mehr. Es braucht Anregungen für die Sinne, will hören und schauen, schmecken, riechen und fühlen. Und es will immer wieder Neues er-leben, er-lernen, be-greifen. Es hat den starken Drang, seine Fähigkeiten zu verbessern, zu üben, zu wiederholen.

Gymnastik

Wie in den ersten Monaten können Sie mit Ihrem Baby turnen. Doch jetzt darf es schon ein bisschen wilder sein. Arme und Beine werden hochgezogen, gekreuzt, wieder zurückgelegt, gespreizt. Einmal beide gleichzeitig, das andere Mal wechselseitig. Aber auch folgende Übung macht jetzt großen Spaß: Sie nehmen das Kind an

Es gibt kein genormtes Schlafverhalten

Jeder kennt sie aus seinem Bekanntenkreis – übermüdete Eltern eines Kleinkindes. Was lassen sie sich nicht alles einfallen, um ihren Nachwuchs ins Reich der Träume zu bringen. Und bei den diversen Gesprächen am Kinderspielplatz erfährt dann manche gestresste Mutter, dass es ein Regelverhalten beim Schlafen nicht gibt. Jedes Kind ist eben anders. Und gerade, wenn man sich endlich auf die individuellen Schlafgewohnheiten seines Kindes eingestellt hat, wird wieder alles anders – die nächste Entwicklungsstufe beginnt.

beiden Armen, ziehen es langsam aus der Rückenlage hoch und lassen es wieder zurücksinken. Je älter Ihr Kind ist, desto länger können Sie es in der Sitzstellung halten.

Sie können sich auch mit Ihrem Baby auf den Boden legen. Machen Sie seine Bewegungen nach: auf die Arme stützen, den Kopf nach oben, der Oberkörper geht mit. Oder auf den Bauch legen, Arme und Beine ausstrecken und nach oben halten. Oder auf die Arme stützen und langsam nach hinten umfallen lassen. Legen Sie sich Ihrem Kind gegenüber, sodass es Ihr Gesicht sehen kann.

Besonderen Spaß macht es, wenn Sie beim Turnen oder zwischen den Übungen beim Ausruhen Ihrem Kind Grimassen schneiden. Erst ganz ernst schauen, dann lachen, die Augenbrauen hochziehen, die Nase rümpfen, die Zunge herausstrecken, einen breiten Mund machen, die Augen weit aufreißen, den Mund zu einer Schnute verziehen. Erst wird Ihr Kind aufmerksam zusehen, dann lachen und die Grimassen nachahmen.

Regelmäßige gymnastische Übungen helfen dem Baby, seinen Bewegungsdrang auszuleben, und fördern seine motorische Entwicklung. Nebenbei tut Ihnen Bewegung auch gut.

Spiele lassen Ihr Kind nicht nur in diesem Alter wie auf Wolken schweben, denn Ihre Nähe und Ihre Aufmerksamkeit sind ihm gewiss. Gleichzeitig lernt es immer etwas Neues dabei.

Krabbeln

Wenn Sie Ihr Baby auf dem Schoß haben, krabbeln Sie mit allen Fingern über seinen Körper und machen Sie bei einem bestimmten Körperteil Halt. Dazu können ebenfalls Abzählreime aufgesagt oder Liedchen gesungen werden, zum Beispiel: Steigt ein Mäuschen übers Häuschen (etwa über den Bauch oder das Knie), wo kommt es an? Natürlich am Hälschen (da wird etwas stärker gekrabbelt oder gekitzelt).

Geben – nehmen

Greifen ist jetzt eine besonders beliebte Übung. Sicher hat Ihr Kind schon einiges an Spielzeug: verschiedene Rasseln, ein kleines weiches Püppchen, einen Stoffball. Geben Sie ihm nacheinander immer ein Stück in die Hand. Es darf nicht zu groß sein, sonst kann es das Baby nicht fassen. Nehmen Sie es ihm zärtlich wieder weg und geben Sie es ihm wieder.

Am besten ist es, wenn die Gegenstände verschiedene Oberflächen haben: Stoff, Papier, Holz. Dann fühlt es sich jedes Mal anders an und macht noch mehr Spaß.

Gießkanne

Badewannenspiele machen in jedem Alter Spaß. Schon im vierten Monat können Sie mit Ihrem Baby Folgendes spielen: Sie halten es mit einem Arm fest und gießen mit einem Zahnputzbecher ganz langsam Wasser über seinen Rücken oder seinen Bauch. Und das immer wieder.

Fingertupfen

Bei einem Lied oder Gedicht tupfen Sie bei den ersten Silben Ihrem Kind mit dem Finger in die Handfläche. Bei den weiteren Silben streichen Sie mit der ganzen Hand darüber, am Schluss „rühren" Sie um.

Trommeln

Spätestens im sechsten Monat bekommen Babys Lust, selbst Geräusche zu machen. Setzen Sie sich mit Ihrem Kind auf dem Schoß an den Tisch und geben Sie ihm einen Löffel, einen Kochlöffel oder sonst einen Gegenstand, mit dem es auf die Tischplatte trommeln kann. Noch mehr Spaß macht es, wenn der Untergrund unterschiedlich ist und deshalb verschiedene Töne erzeugt werden. Etwa eine Kaffeedose, ein Plastikbecher, das Holz der Tischplatte. So lernt Ihr Kind gleichzeitig helle, dunkle, laute, leise, tiefe oder hohe Töne kennen und mit der Zeit auch genau unterscheiden.

Wind

Ideal beim Wickeln: Ehe Sie die frische Windel umbinden, lassen Sie ein wenig Wind um die Beine, den Po, den Bauch oder auch über das Gesicht des Babys streichen. Den Luftzug können Sie mit einem Tuch oder der vorbereiteten Windel auslösen. Nicht zu heftig, sonst ist die Luft zu kalt und macht keinen Spaß mehr.

Sie können den Wind auch mit Ihrer eigenen Puste machen. Blasen Sie dabei ganz sacht über den Körper Ihres Kindes.

Fliegen

Legen Sie Ihr Kind bäuchlings auf Ihren Arm (mit dem anderen gut festhalten). Dann drehen Sie sich erst langsam und dann immer schneller im Kreis. Bleiben Sie plötzlich abrupt stehen und drücken Sie es an sich. Dasselbe geht auch, wenn das Baby auf dem Rücken in Ihrem Arm liegt. Die meisten haben es allerdings auf dem Bauch lieber.

Klatschen

Die eigenen Hände gehören jetzt zum Interessantesten für Ihr Kind. Damit lässt sich wunderbar spielen. Nehmen Sie beide Hände des Kindes und klatschen Sie vorsichtig damit. Dann klatschen Sie in Ihre eigenen Hände, um sofort wieder die Ihres Babys zu nehmen und damit weiter zu klatschen. Dazu können Sie auch ein Lied singen. An ganz bestimmten Stellen, die Sie selbst wählen, klatschen Sie dann mit Ihren Händen oder mit denen des Kindes, zum Beispiel: Backe, backe Kuchen (Sie lassen das Kind klatschen), der Bäcker hat gerufen (Sie klatschen selbst). Wer will guten Kuchen backen, der muss haben sieben Sachen. Eier und Salz (jetzt können Sie wieder das Baby klatschen

Freundliche Lichtgestalten am Abend

Lassen Sie mit einer Taschenlampe im dunklen Zimmer freundliche Lichtgestalten über die Wände huschen, indem Sie schwarzes Tonpapier in Form eines Sterns/Mondes vor die Taschenlampe kleben. Aber nicht zu schnell, sonst kommt Ihr Baby mit den Augen nicht mit. Sie können auch vor einer Lichtquelle – zum Beispiel einer Stehlampe, die gegen die Wand gerichtet ist – mit Ihren Fingern bewegliche Figuren an der Wand entstehen lassen und dazu etwas singen.

lassen), Butter und Schmalz, Milch und Mehl. Safran macht den Kuchen gel (am Schluss klatschen Sie wieder selbst).

Entdeckungsreise

Nehmen Sie Ihr Kind auf den Arm und gehen Sie mit ihm durch die Wohnung: in sein Zimmer, in die Küche, ins Bad oder ins Wohnzimmer. Zeigen Sie ihm bei diesem Rundgang einzelne Gegenstände und nennen Sie diese beim Namen. Führen Sie zum Beispiel sein Händchen am Schrank, am Fenster oder an der Gardine entlang oder geben Sie ihm kleinere Sachen in die Hand. Jeden Tag können Sie mit dem Baby neue Dinge entdecken.

Kitzelspaß

Gekitzelt werden macht Ihrem Baby besonderes Vergnügen. An der Fußsohle, in der Halskuhle, unter den Armen, auf Brust oder Bauch. Mit Abzählreimen wird das Ganze noch lustiger: Steigt ein Mann die Treppe rauf (mit Ihrem Finger tupfen Sie das Kind bei jeder Silbe an, vom Fuß Richtung Hals), klopft an, tritt ein (mehrmals auf die Brust klopfen) – in Hänschens Haus (hier kitzeln Sie ganz schnell am Hals). Der Weg kann auch vom Bauch nach unten zu den Füßen gehen. Oder von unten zu den Ohren. Natürlich können Sie auch andere Verse dazu aufsagen oder sich selbst welche ausdenken.

Fallen

Sie haben Ihr Kind auf dem Arm. Beugen Sie sich etwas nach vorn, sodass es das Gefühl hat zu fallen. Dann kommen Sie schnell wieder hoch und machen eine Drehung. Viele Kinder wollen mit diesem Spiel überhaupt nicht mehr aufhören, so spannend finden sie es.

Ein anderes Fallspiel: Sie haben das Baby unter den Armen und lassen es mit einem Ruck (natürlich, ohne es fallen zu lassen) nach unten „segeln". Dann holen Sie es wieder nach oben und drücken es fest an sich.

Oder Sie nehmen es unter den Armen, strecken Ihre Arme aus und drehen es hin und her.

Verstecken

Im fünften und sechsten Monat haben Kinder einen Mordsspaß, wenn Sie sich verstecken. Natürlich nicht vollständig. Sie nehmen ein Tuch, halten es vors Gesicht und ziehen es wieder weg. Das können Sie wiederholen, sooft es dem Baby Spaß bereitet. Meist wird es Ihr Gesicht mit einem fröhlichen Lachen begrüßen.

Freude macht es auch, wenn Sie Spielzeug oder sonstige Gegenstände verstecken. Halten Sie etwa eine Rassel hinter den Vorhang und ziehen Sie diese dann wieder hervor. Ihr Kind wird begeistert sein. Nach einiger Zeit wird es dieses Spiel nachahmen. Es lernt dabei, dass Dinge, die man nicht sieht, trotzdem da sein können. Eine große Leistung des jungen Gehirns.

Legen Sie einen Holzbaustein, eine Kugel oder sonst etwas Hartes in eine Schachtel und schütteln diese. Dann machen Sie den Deckel auf. Ist Ihr Baby schon älter, wird es danach greifen.

Das Spiel funktioniert auch, wenn Sie unterm Tisch ein Geräusch machen, zum Beispiel mit einem Schlüsselbund und den dann nach oben legen.

Drittes Kapitel

Siebter bis neunter Monat

*E*inige wichtige Entwicklungsschritte sind nun vollzogen. Das Kind kann seinen Kopf perfekt beherrschen, dreht sich ohne Mühe vom Rücken auf den Bauch und umgekehrt, erkennt bekannte Personen und kann sie von unbekannten unterscheiden. Das alles sind wichtige Voraussetzungen für die nächsten Entwicklungsschritte, die es im dritten Vierteljahr machen wird. Weil ein Schritt auf dem vorhergehenden aufbaut, verläuft die Entwicklung bei allen Kindern nach denselben Grundregeln. Immer müssen sie erst das Eine können, um das Nächste zu lernen. Unterschiede gibt es lediglich beim Tempo. Jedes Kind ist eine eigene kleine Persönlichkeit, die es so nicht noch einmal auf der Welt gibt (außer bei eineiigen Zwillingen). Es hat seine starken und schwachen Seiten, lernt das Eine schneller, das Andere langsamer. Das ist normal. Was es jedoch von den Eltern braucht, ist liebevolle Unterstützung, den Raum, die Anregungen und die Möglichkeit, seinem Drang, sich zu entwickeln und alles zu lernen, folgen zu können.

Was Ihr Kind jetzt alles lernt

*I*m **siebten Monat** entdeckt das Baby seine Füße als Spielzeug. Es greift mit den Händen danach, steckt sie sogar in den Mund. Das bedeutet, dass es seine Hüften gut beugen kann. Eine wichtige Voraussetzung fürs spätere Laufen. Außerdem perfektioniert es jetzt die Fähigkeit, sich vom Bauch auf den Rücken und vom Rücken auf den Bauch zu drehen. Es übt die Beine, indem es „federt", wenn Sie es unter den Armen halten und auf eine Unterlage stellen: Es geht in die Hocke und stößt sich schnell wieder nach oben ab. Das kann es endlos wiederholen. Greift sich das Baby ein Spielzeug, was es oft schon mit beiden Händen macht, fällt dieses nicht gleich wieder herunter, wie noch vor ein paar Wochen. Es dreht und wendet es zur genaueren Betrachtung zwischen den Fingern, gibt es von einer Hand in die andere und holt es sich wieder, wenn es ihm entfallen ist.

Auch die geistigen Fähigkeiten sind ein gutes Stück weiter gereift. Das zeigt sich beispielsweise daran, dass das Baby jetzt sehr gut begreift, dass Gegenstände oder Personen, die es im Augenblick nicht sieht, dennoch da sind. Ist ihm etwa ein Spielzeug auf den Boden gefallen, wendet es sich nicht ab, sondern sucht es mit den Blicken, beugt dabei Kopf und Oberkörper in die Richtung, bis es das Ding wieder entdeckt hat.

Das „Kuckuckspiel" wird jetzt umgedreht. Freute sich das Kind noch vor ein paar Wochen, wenn die Mutter hinter einem Tuch wieder erschienen ist, hat es jetzt den größten Spaß daran, sich selbst hinter einem Tuch zu verstecken. Es hängt sich – noch etwas ungeschickt – das Tuch übers Gesicht und zieht es wieder fort.

Das ist eine ganz neue Variante des Sozialverhaltens: Das Baby beginnt selbst zu bestimmen, wann und wie lange es mit seiner Mutter oder sonst einer Bezugsperson spielen möchte, die Aktivität geht also jetzt von ihm aus.

Wenn es jetzt seine Silbenketten vor sich hin „plaudert" und dazu immer wieder neue Laute übt, die es gelernt hat, verändert es auch die Stimmlage. Es ist kein gleichmäßiges „rrr", „mem-mem-mem" oder „da-da-da" mehr, sondern es wird mal lauter, mal leiser, mal hoch „gesungen", mal tief „gesprochen".

Rücken- oder Bauchlage – Selbstbestimmung in Ansätzen ist angesagt

Der **achte Monat** bringt dem Baby ein ganzes Stück mehr Mobilität. Es versucht sich vorwärts zu bewegen, schafft es aber noch nicht. Der Erfolg: Es dreht sich um die eigene Achse und verändert so seine Lage. Strecken ihm die Eltern die Hände oder Finger hin, ergreift es sie und zieht sich klimmzugartig zum Sitzen hoch. Und einige Sekunden lang gelingt es ihm sogar schon, sitzen zu bleiben. Das Gleichgewicht reicht dafür gerade aus. Kippt es nach der Seite um oder wird es von einer erwachsenen Person schräg gehalten, streckt es spontan den Arm aus, um sich abzustützen.

Die Entwicklung der Aufmerksamkeit und Konzentrationsfähigkeit

Beim Spielen werden seine Händchen immer geschickter. Es versucht nun häufig sein Spielzeug mit den Fingerspitzen zu bekommen oder zu halten (nicht mehr, wie bisher, mit der ganzen Hand), dreht und wendet es in den Händen, untersucht es, nimmt es von der einen in die andere Hand, steckt es in den Mund, schaut es an, um es dann wieder in den Mund zu stecken.

Auch die Aufmerksamkeit und Konzentrationsfähigkeit des Kindes nehmen zu. Es interessiert sich für alle Einzelheiten in seiner Umgebung, kann fasziniert einen bewegten Vorhang betrachten, der Mutter beim Aufräumen zusehen oder sein Bettchen „untersuchen". Große Freude macht es ihm, wenn es bei allem, was die Mutter tut, dabei sein kann. Egal, ob sie gerade Geschirr spült, Essen kocht, einen Brief schreibt, etwas malt oder

Kinder lernen durch Nachahmung – nicht nur beim lustigen Spiel des Grimassen-Schneidens.

bastelt – es wird immer aufmerksam, interessiert und fasziniert dabei zuschauen. Spannend wird in diesem Monat auch das eigene Spiegelbild für Ihr Kind. Wenn es sich auch noch nicht selbst erkennt, so schaut es sich doch in die Augen, nimmt Kontakt zu diesem netten Babygesicht auf, greift danach und lächelt es an. Die eigene Stimme ist fast ebenso interessant wie das Spiegelbild. Bei seinen Lautmalereien entdeckt das Baby, dass es auch flüstern kann. Das tut es mit Begeisterung und hört sich dabei selbst ganz gespannt zu.

Unterscheidung zwischen fremden und vertrauten Menschen

Was fremde Leute angeht, wird es jetzt zunehmend ängstlicher. Diese Phase der so genannten Acht-Monats-Angst setzt bei manchen Babys auch schon früher ein, bei manchen erst ein wenig später. Sie ist auch von Kind zu Kind unterschiedlich stark ausgeprägt. Für die Eltern ist das meist eine sehr anstrengende Zeit, denn das Baby fürchtet sich vor jedem fremden Gesicht, weint und will sofort zur Mutter. Es lässt sich kaum von anderen Personen hochnehmen oder auch nur anfassen. Selbst freundliche Babysitter werden jetzt oft mit jämmerlichem Geschrei abgelehnt, und die Eltern müssen auf ihren Ausgang verzichten.

Diese Phase, so unangenehm sie für die Eltern auch sein mag, ist für die Entwicklung von großer Bedeutung. Denn erst dadurch, dass das Kind ganz eindeutig zwischen vertrauten und fremden Leuten unterscheidet (und nichts anderes bedeutet dieses Verhalten), lernt es, sich den eigenen Angehörigen zutiefst verbunden zu fühlen und Fremden gegenüber gefühlsmäßig zurückhaltender zu bleiben.

Spätestens im **neunten Monat** sollte Ihre Wohnung kindersicher sein, zumindest aber nichts Gefährliches mehr auf dem Boden herumliegen. Denn jetzt beginnt Ihr Baby zu robben und kann sich zum ersten Mal ganz gezielt vorwärts bewegen. Es liegt dabei auf dem Bauch, stützt den Körper auf die Unterarme und zieht sich so durch die Gegend. Eine Phase, die meist nur kurz anhält und schon bald vom richtigen Krabbeln abgelöst wird. Auch das Sitzen geht jetzt schon besser. Mindestens eine Minute lang sitzt es relativ aufrecht, ohne umzufallen. Doch es muss sich noch sehr stark konzentrieren, um das Gleichgewicht nicht wieder zu verlieren. Zieht man es an den Armen hoch, bleibt es kurze Zeit fest auf seinen Füßchen stehen.

Dieses tolle Gefühl möchte es natürlich jetzt öfter haben. Deshalb versuchen die meisten Kinder, sich im Laufe des neunten Monats selbst hochzuziehen. An den Gitterstäben des Bettchens, an Schränken, Stühlen, Tischbeinen oder an den Beinen der Eltern. Am Anfang ist das noch recht schwierig. Oft bleibt es auf halber Strecke stecken. Die Arme haben nicht genügend Kraft – es kippt um

Spielen und schlafen

oder fällt zurück auf den Po. Da kann es so manche Beule davontragen. Doch unermüdlich übt es weiter. Gegen Ende des neunten Monats gelingt es manchem Kind, schon ganz hochzukommen. Nun weiß es aber nicht, wie es wieder herunterkommen soll. Daher bleibt es einfach stehen, bis die Beinchen nachgeben und es wieder auf dem Boden liegt.
Spielzeug wird jetzt nicht mehr nur ergriffen, sondern auch wieder fallen gelassen. Das ist hoch faszinierend und ein erfolgreicher Schritt in der Entwicklung. Wenngleich viele entnervte Mütter, die das weggeworfene Spielzeug ständig wieder aufheben sollen, kaum daran glauben wollen.

Förderung der Sinneswahrnehmung durch ausgefeilte Spiele

Zu den spannendsten Geräuschen gehören die ganz leisen. Eine Uhr, die tickt, ein Telefonhörer, aus dem ein Tuten kommt. Und fast ebenso faszinierend sind Behältnisse, in die man hineinfassen kann. Das sind Ergebnisse der Sinneswahrnehmungen, die sich immer weiter differenzieren. Das Baby kann verschiedene Geräusche sehr gut wahrnehmen und unterscheidet in der räumlichen Umgebung zwischen vorne und hinten, oben und unten.
Auch die Spiele (die das Sozialverhalten anzeigen) werden ausgefeilter und brauchen mehr Raum. Hatte es sich bisher hauptsächlich auf Gesichter konzentriert, „sucht" ein Kind jetzt beispielsweise die Mutter schon hinter einem Möbelstück oder es „versteckt" sich selbst auf einem Sessel, in der Ecke seines Bettes oder hinter dem Schrank.

Sprachentwicklung und Schlafverhalten

Aus den sprachlichen Silbenketten werden zweisilbige „Wörter", die klar artikuliert ausgesprochen werden: „Da-da", „Dei-dei", „Ma-ma" und so weiter. Nur noch ein kurzer Schritt bis zum ersten sinnvollen Wort.
Das Schlafbedürfnis nimmt jetzt zusehends ab. Durchschnittlich schlafen Babys nur noch 12 bis 13 Stunden, das meiste davon in der Nacht. Doch wie bei Erwachsenen, ist auch bei kleinen Kindern dieses Bedürfnis recht unterschiedlich ausgeprägt. Wenn Ihr Kind nachts noch aufwacht und Sie braucht – geben Sie ihm diesen Trost. Die beste Möglichkeit für Sie, das nächtliche Schlafdefizit wieder auszugleichen, ist, wenn Sie sich einfach tagsüber gemeinsam mit Ihrem Kind hinlegen.

Mindestens eine Minute lang kann Ihr Kind im dritten Vierteljahr mittlerweile alleine sitzen. Und nachdem es mit allerlei Geschick diverse Gegenstände ergreifen kann, sind dem schönen Spiel „Mama heb' wieder auf" keine Grenzen gesetzt.

Das braucht Ihr Baby jetzt

Ihr Kind braucht täglich neue Anregungen – für seine Sinne und um seine Fähigkeiten weiter zu entwickeln. Viele davon findet es selbst, wenn es sich frei in der Wohnung bewegen kann. Deshalb braucht es vor allem viel Bewegungsspielraum. Es wäre nicht günstig, wenn es den ganzen Tag im Bett oder Laufstall zubringen müsste. Denn so kann sich der Aktionsradius nicht stetig erweitern und wichtige Übungen fürs Laufen und Lernen können nicht stattfinden.

Was es natürlich auch braucht, sind einerseits Angebote für Spiele, andererseits sollte es aber zu nichts gedrängt oder überredet werden. Solange es von einer Tätigkeit fasziniert ist – und wenn es nur ganz ruhig etwas betrachtet –, sollten Sie es dabei nicht stören.

Die schönsten Spiele

Alle folgenden Spiele fördern die Fähigkeiten, die ein Kind jetzt hat und bekommt: Gleichgewichtssinn, Geschicklichkeit der Hände, Gehör und so weiter. Sie sind dem Entwicklungsstand angemessen, überfordern das Kind also nicht.

Auslassen

Nehmen Sie ein paar Spielsachen und reichen Sie sie nacheinander Ihrem Kind ins Bett. Oder Sie werfen sie hinein. Ihr Kind wird danach greifen und alles wieder nach draußen werfen. Dann heben Sie sie wieder auf und werfen Sie wieder hinein.

Sie können auch nur einen Gegenstand verwenden. Hat das Kind ihn aus dem Bett geworfen, nehmen Sie einen neuen. Das bringt Abwechslung.

Turm abreißen

Obwohl Ihr Kind jetzt schon mal versucht, einen Baustein auf den anderen zu setzen, macht ihm das Gegenteil noch erheblich mehr Spaß: Sie bauen einen Turm und Ihr Kind darf ihn dann umwerfen.

Das geht auch mit ineinander passenden Bechern, und das Spiel darf so lange wiederholt werden, bis es dem Kind langweilig wird (was manchmal lange dauern kann).

Ballspiele

Ein flauschiger kleiner Stoffball gehört zum ersten Spielzeug, das ein Baby haben sollte. Er lässt sich greifen, festhalten, wegwerfen und mit ihm lassen sich auch gemeinsam wunderbare Spiele machen.

Rollen Sie den Ball aus kurzer Entfernung auf Ihr Kind zu, fordern Sie es auf, ihn zurückzurollen. Oder machen Sie mit einem Brett eine schiefe Ebene und lassen erst Sie, dann das Kind den Ball herunterrollen. Werfen Sie den Ball über das Gitter des Bettes. Ihr Kind wird ihn wieder zu Ihnen nach draußen werfen. Einen Ball kann man auch um ein Tischbein, unter einem Stuhl durch oder über ein Kissen rollen lassen. Am spannendsten ist es, wenn einmal Sie, einmal das Kind mit Werfen oder Rollen dran ist.

Wasserspiele

Wenn Sie mit Ihrem Kind in der Badewanne sitzen, können Sie ihm Folgendes zeigen: Sie gehen mit dem Gesicht so tief, dass der Mund unter Wasser ist. Dann pusten Sie kräftig los. Das sprudelnde Geräusch wird Ihr Kind sehr erfreuen. Und wahrscheinlich wird es bald versuchen, das Ganze nachzuahmen. Ein anderes Wasserspiel, das sich am besten in der Badewanne machen lässt: Sie geben Ihrem Kind einen Becher, mit dem es Wasser schöpfen und wieder ausgießen kann. Schöpfen und ausgießen, schöpfen und ausgießen ...

Tauziehen

Sobald Ihr Kind gut sitzen kann, können Sie mit ihm dieses Spiel spielen: Sie nehmen eine Kordel, ein Band oder ein Tuch und geben es Ihrem Kind in die Hand. Wenn es festhält, ziehen Sie sanft daran, dass es sich nach vorne neigen muss. Dann lassen Sie wieder locker, dann wieder ziehen. Schon nach kurzer Zeit wird Ihr Kind so viel Spaß daran haben, dass es von sich aus daran zieht. Tun Sie ihm den Gefallen und „kippen" auch Sie um, wenn es am Zug ist.

Fingergesicht

Hände und Finger sind wohl das Interessanteste, was es für ein Kind jetzt gibt – nicht nur die eigenen. Auch die der Mutter oder des Vaters nimmt es gern und betrachtet sie genau, spielt damit herum.

Eine besondere Freude können Sie Ihrem Kind mit einem Fingergesicht machen: Sie nehmen einen Gummihandschuh und malen mit ein paar

Eine Welt voller lustiger Gesichter zaubern

Puppen über der ganzen Hand machen Kindern großen Spaß. Basteln können Sie sie entweder aus Waschhandschuhen, auf die Sie mit Textilfarbe Gesichter malen, oder aus Papiertüten, die gerade über eine Hand passen. Aber auch Gummihandschuhe mit bunten Gesichtern auf jedem Finger oder ein Tennisball, eingewickelt in ein Stück Stoff mit aufgemaltem Gesicht und beklebt mit Wollresten als Haare, erfreuen Ihr Kind.

Strichen ein Gesicht darauf. Dann ziehen Sie den Handschuh an, machen Bewegungen (das Gesicht wird dabei „lebendig") und erzählen eine Geschichte dazu. Oder Sie lassen das Gesicht etwas erzählen.

Gesichter können Sie auch auf die einzelnen Fingerspitzen malen, dann gibt es mehrere Leute, die sich miteinander unterhalten und Geschichten erzählen.

Küsschen

Zärtliche Spiele sind auch in diesem Alter noch sehr gefragt. Denn im körperlichen Kontakt mit Ihnen spürt Ihr Kind immer wieder die Liebe und Geborgenheit, die es für die optimale Entwicklung braucht.

Das macht besonders Spaß: Sie setzen Ihr Kind aufs Sofa. Wenn es noch nicht selbstständig sitzen kann, stützen Sie es mit Kissen im Rücken und an den Seiten, dass es nicht umkippt. Dann knien Sie sich auf den Boden, sodass Ihr Gesicht nah an das des Kindes herankommt. Nehmen Sie es an den Händen und ziehen Sie es sanft nach vorne zu sich heran. Ist es angekommen, bekommt es ein Küsschen auf die Nase oder die Stirn.

Spielzeugregen

Ein Eimer mit Bauklötzen, eine Schachtel mit kleinen Spielsachen, ein Stoffsäckchen mit Rasseln, Püppchen oder Plastiktieren – Ihr Kind wird den Inhalt hingebungsvoll ausleeren. Wenn es Lärm macht, umso besser. Legen Sie nicht zu viele Teile und keine schweren oder scharfkantigen hinein, denn es kann schon mal passieren, dass der „Regen" auf dem Kopf oder im Gesicht Ihres Kindes landet.

Wenn Sie ihm zeigen, dass man die Gegenstände auch wieder einräumen kann, wird es dieses Spiel mit Begeisterung nachmachen.

Hund und Katze

Wenn Ihr Kind auf dem Boden herumrobbt (und später, wenn es krabbelt), gehen Sie auch auf allen vieren. Sie „bellen" das Kind an, sind der Hund. Dann schnurren oder miauen Sie, reiben den Kopf an der Schulter des Kindes, sind die Katze. Anfangs wird Ihr Kind fasziniert Ihrem Spiel zuschauen. Bellen Sie nicht zu heftig, denn das kann es erschrecken. Besonders, wenn es noch kleiner ist. Bald wird es aber versuchen, Ihr Spiel mitzumachen, selbst zu bellen, zu miauen, zu fauchen und Hund oder Katze zu spielen.

Knisterpapier

Nehmen Sie verschiedene Papiere: ein Stück Zeitung, Seidenpapier, Packpapier, ein paar Seiten aus einem Katalog oder Drachenpapier. Knüllen Sie jeweils die Papiere zusammen und machen Sie unter-

Statt „Hund und Katze" können Sie natürlich auch „Kuh und Ziege" spielen, je nach Talent, Tiere zu imitieren.

schiedliche Geräusche damit. Einmal so, dass es das Baby sehen kann, dann wieder hinter seinem Rücken oder in einer Ecke des Zimmers, so dass es die Geräuschquelle suchen muss. Das macht höllisch Spaß und schult das Gehör, die Konzentration und die Wahrnehmungsfähigkeit.

Möchte Ihr Kind selbst so einen herrlichen Papierknäuel, geben Sie ihm möglichst nur ungefärbtes und unbedrucktes Papier, denn es wird den Knäuel natürlich auch in den Mund stecken. In den bunten Farben können jedoch Giftstoffe enthalten sein.

Unterschiedliche Geräusche faszinieren Ihr Kind jetzt sehr. Sie können sie außer mit Papier auch mit allen möglichen anderen Gegenständen erzeugen. Wenn Sie beispielsweise in leere Marmeladengläser (nicht zu große) oder Joghurtbecher unterschiedliche Sachen tun: Erbsen, Steinchen, Sand, einen Holzbaustein und so weiter. Wichtig: Die Gefäße müssen fest verschlossen sein, damit Ihr Kind den Inhalt nicht verschlucken kann.

Häschen und Verstecken

Alles, was sich verstecken lässt, muss jetzt gesucht werden. Sie, die Mutter, das Kind selbst, Spielzeug, Puppe, Küchengegenstände, ein Kissen, die Strampelhose (zum Beispiel beim Wickeln).

Zuerst verstecken Sie sich hinter einem Vorhang oder Schrank. Machen Sie aber Ihr Kind durch Rufe auf sich aufmerksam. Es wird Sie begeistert suchen. Dann darf sich das Kind verstecken und Sie suchen es.

Zum Versteckspiel gehört jetzt auch das Häschen. Sie haben Ihr Kind „gefunden", umarmen es und rufen: „Jetzt hab' ich dich"; genauso umgekehrt.

Verstecken Sie ein Spielzeug hinter Ihrem Rücken. Wenn Ihr Kind die Bewegung der Hand gesehen hat und Sie es fragen: „Wo ist die Puppe, das Auto?" etc., wird es die Ärmchen danach ausstrecken oder versuchen, hinter Sie zu kommen.

Das Spielzeug bekommt das Kind natürlich, sobald es dieses gefunden hat.

Schaukeln

Jede Bewegung stimuliert den Gleichgewichtssinn (sitzt im Ohr), der zum Stehen und Gehen besonders wichtig ist. Am schönsten (und wirkungsvollsten) sind gleichmäßige Bewegungen, wie zum Beispiel das Schaukeln.

Nehmen Sie das Kind mit beiden Händen unter den Armen. Dann spreizen Sie die Beine und lassen es unten durch oder vor Ihrem Bauch hin und her schaukeln.

Es macht auch Spaß, wenn beide Eltern mitmachen: Jeder nimmt das Kind unter einem Arm (nicht an den Händen, das halten die kleinen Gelenke noch nicht aus) und dann wird es zwischen den beiden Erwachsenen geschaukelt.

Wenn Sie eine Schaukel haben, können Sie sich auch für eine Weile mit dem Kind darauf setzen – aber nicht zu wild, sonst bekommt es Angst.

Fingerverse

Das kann man besonders gut spielen, wenn das Kind auf dem Schoß sitzt. Nehmen Sie die kleine Hand und zählen Sie dann die Finger ab:

Das ist der Daumen,
Der schüttelt die Pflaumen.
Der hebt sie auf.
Der trägt sie nach Haus.
Und der kleine Schlingel
Isst sie ganz alleine auf.

Dabei wird der kleine Finger ein wenig geschüttelt. Sie können den Reim auch vor dem Gesicht Ihres Kindes an der eigenen Hand abzählen.
Sie können sich auch selbst kleine Verse ausdenken. Es muss sich nicht unbedingt reimen, doch der Rhythmus eines Gedichtes sollte erhalten bleiben.
Ist das Kind schon größer, so gegen Ende des neunten Monats (und natürlich auch noch später), macht es ihm besonderen Spaß, wenn die Fingergeschichten die eigene Person oder die Familienmitglieder betreffen.

Fingerverse bereiten auch großen Spaß, wenn auf jedem Finger eine kleine Puppe sitzt, die lustig wackelt, wenn sie im Vers besprochen wird.

Hoppe, hoppe Reiter

Das Kind sitzt auf Ihrem Schoß und Sie „hoppeln" mit den Beinen im Rhythmus auf und ab. Sie können dazu etwas erzählen, ein Lied singen oder einen Vers aufsagen. Ändern Sie zwischendurch plötzlich den Rhythmus, werden Sie vermutlich mit Lachsalven von Ihrem Kind belohnt. Auch wenn Sie ohne Vorwarnung die Beine auseinander spreizen und es scheinbar fallen lassen, macht ihm das meist Spaß. Erschrickt es aber, sollten Sie es sofort trösten und vielleicht etwas später, aber langsamer und sanfter noch einen Versuch wagen.

Die bekanntesten Hoppe-Reiter-Lieder:
Hoppe, hoppe Reiter,
Wenn er fällt, dann schreit er.
Fällt er in den grünen Klee,
Tun ihm seine Füße weh.
Fällt er in den Graben,
Fressen ihn die Raben.
Fällt er in den Sumpf,
Macht der Reiter plumps.

Hopp, hopp, hopp,
Pferdchen lauf Galopp.
Über Stock und über Steine,
Aber brich dir nicht die Beine.
Hopp, hopp, hopp,
Pferdchen lauf Galopp.

Bei der Zeile „Macht der Reiter plumps" können Sie das Kind nach hinten oder nach unten plumpsen lassen.

Viertes Kapitel

Zehnter bis zwölfter Monat

Tag für Tag wird Ihr Kind jetzt mobiler und geschickter. Voller Taten- und Bewegungsdrang erobert es sich seine Umgebung. Und mit viel Interesse und Charme geht es auch auf die Menschen zu, die es gern hat. Für die Eltern ist das oft eine anstrengende Zeit. Denn nichts ist mehr vor der Neugier ihres Kindes sicher. Dauernd heißt es aufpassen, dass nichts passiert. Aber es ist auch eine schöne und fröhliche Zeit, in der Sie sich fast täglich mit Ihrem Kind über neu erworbene Fähigkeiten freuen können.

Das lernt Ihr Kind in den nächsten Monaten

Im **zehnten Monat** fängt Ihr Kind mit dem Krabbeln an. Ausgangspunkt ist der so genannte Vierfüßlerstand, den es jetzt fleißig übt. Das Baby hebt seinen Körper aus der Bauchlage von der Unterlage ab und stützt sich nur noch auf die Hände und die Knie, später auf Hände und Füße. Oft schaukelt es in dieser Haltung hin und her – eine Übung fürs Gleichgewicht, die zum Krabbeln wichtig ist. Gleichzeitig lernt das Baby sich selbstständig aufzusetzen. Es stützt sich aus der Bauchlage auf die Arme und Hände, macht eine Drehung mit dem Rumpf, zwischen Hüfte und Schultern, und schon sitzt es aufrecht, mit geradem Rücken und gestreckten Beinen.

Aus dem Vierfüßlerstand kann sich das Kind auch zum Stehen aufrichten. Dazu braucht es aber noch Möbel, um sich daran hochzuziehen. Wenn es etwas zum Festhalten findet, kann es schon einige Minuten auf ausgestreckten Beinen und der ganzen Fußsohle (nicht nur den Zehenspitzen, wie noch vor ein paar Wochen) stehen bleiben.

Der Pinzettengriff: Die bessere Koordination der Hände

Auch die Hände werden geschickter. Mit dem „Pinzettengriff" – zwischen ausgestrecktem Daumen und Zeigefinger – kann es kleine Krümel, dünne Fäden oder andere winzige Gegenstände ergreifen. Ein wichtiger Schritt zur Fingerkoordination, die wiederum wesentliche Voraussetzung für die gesamte Feinmotorik ist. Spielzeug wird jetzt nicht mehr nur festgehalten und betrachtet oder fallen gelassen. Durch die bessere Koordination der Hände und neue Kraft in den Armen kann das Baby jetzt Dinge gegeneinander klopfen, schütteln oder ganz gezielt mit Schwung wegwerfen. Am schönsten ist es, wenn es für dieses „Spiel" einen Mitspieler hat, der ihm weggeworfenes Spielzeug immer wieder zurückbringt.

Verfeinerte Wahrnehmung und Sprachverständnis

Die Wahrnehmung hat sich mittlerweile so verfeinert, dass sich das Kind auch für kleinere Details interessiert, zum Beispiel die Augen einer Puppe (aber auch die von Menschen), die Löcher in den Steckdosen (jetzt sollten Sie unbedingt Sicherungen anbringen), Schraubenköpfe an einem Möbelstück. Weil seine Finger schon geschickt sind, versucht das Baby diese winzigen Details auch zu greifen. Das Interesse an anderen Menschen zeigt Ihr Kind am deutlichsten dadurch, dass es Ihre Gesten genau beobachtet und dann nachmacht. Jetzt fängt es beispielsweise an, „winkewinke" oder „bitte-bitte" zu machen. Für seine soziale Entwicklung bekommt das Lob immer größere Bedeutung. Es freut sich über jede Zustimmung und versucht, Lob zu ernten, indem es einmal bewunderte Dinge immer wiederholt.
In einer ruhigen Minute können Sie sich jetzt schon regelrecht mit Ihrem Baby unterhalten. Das heißt, Sie sprechen ein paar Silben, die es schon kann, und es wiederholt diese ganz bewusst.
Außerdem versteht Ihr Kind bereits erste Begriffe, die ihm immer wieder vorgesprochen wurden. Fragen Sie beispielsweise: „Wo ist das Licht?", wird es gezielt zur Lampe schauen oder mit ausgestreckten Armen darauf deuten. Das sind die ersten größeren Gedächtnisleistungen des Gehirns.

Im **elften Monat** müsste nun das Krabbeln ganz vorzüglich klappen: linker Arm und rechtes Bein nach vorne, dann rechter Arm und linkes Bein. Das heißt natürlich, dass Ihr Baby jetzt überall in der Wohnung hinkommt. Manche Kinder entwickeln eine geradezu gigantische Geschwindigkeit auf allen vieren.
Sitzen kann es beliebig lange, ohne das Gleichgewicht zu verlieren. Selbst wenn Sie seine Beinchen im Sitzen langsam anheben, wird es nicht gleich umfallen, sondern die Schräglage gut ausgleichen.
Hat es sich an einem Möbelstück hochgezogen, macht es die ersten seitlichen Schritte daran entlang. Manchmal geht es auch einfach auf der Stelle. Damit übt es, das Gewicht von einem Bein aufs andere zu verlagern.

Nachdem in diesem Alter auch die Steckdosen für Ihr Kind interessant werden, müssen Sie entsprechende Sicherheitsvorkehrungen treffen.
Nehmen Sie sich Zeit und legen Sie eine Liste von möglichen Gefahrenquellen an, vor denen Sie Ihr Kind schützen müssen. Krabbeln Sie dazu ruhig selbst einmal durch die Wohnung!

Eine Übung, die besonderen Spaß macht: Ein Erwachsener hält das Kind an beiden Händen fest, damit es nach vorne laufen kann. Wenngleich die Schritte noch recht breitbeinig, unsicher und zögerlich sind, möchte es doch am liebsten nicht mehr damit aufhören.

Aus dem bisherigen „Pinzettengriff" von Daumen und Zeigefinger wird jetzt der „Zangengriff", das heißt, Daumen oder zumindest der Zeigefinger werden beim Greifen gebeugt. Das macht die Hände noch geschickter und die kleinen Krümel können besser aufgehoben und sicherer festgehalten werden.

Das Gedächtnis funktioniert schon so gut, dass das Kind versteckte Gegenstände wiederfindet. Natürlich nicht, wenn es nicht gesehen hat, wo sie versteckt wurden. Aber angenommen, Sie legen vor seinen Augen ein Spielzeug unter einen umgestülpten Topf, wird es von sich aus dieses Spielzeug unter dem Topf wieder herausholen. Dinge verstecken tut es jetzt auch selbst mit großem Vergnügen.

Tischlein deck dich ab: Einfache Zusammenhänge erkennen

Einfachere Zusammenhänge lernt Ihr Kind ebenfalls im elften Monat begreifen. Etwa, dass man ein Spielzeug, an dem eine Schnur befestigt ist, an dieser Schnur herbeiziehen kann. Oder, dass ein Gegenstand, der auf dem Tisch liegt, herankommt, wenn man an der Tischdecke zieht (also nichts Gefährliches auf dem Tisch liegen lassen!).

Frei oder nicht – das Gehen steht im Mittelpunkt

Zwieback, Kekse oder sonstige „handliche" Lebensmittel kann das Kind aus der Hand essen, und Trinken aus der Tasse wird zum ganz großen Hit. Da fasst es mit beiden Händen zu und braucht nur noch eine kleine Unterstützung von der Mutter. Wenn etwas daneben geht – macht nichts.

Viele Kinder beginnen jetzt damit, Dinge und Situationen mit „Wörtern" zu belegen. Zum Beispiel „ham-ham" für Essen oder „brr" für Fahrzeuge oder „wau-wau" für Tiere. Manche Kinder fangen damit auch erst etwas später an.

Das Verständnis geht bei allen aber jetzt schon so weit, dass sie wissen, was die Mutter meint, wenn sie „Nein" sagt. Einmal „Nein" reicht aber nicht aus, um dem Kind in diesem Alter ein Verbot dauerhaft klar zu machen. Denn es vergisst sehr schnell wieder.

Der **zwölfte Monat** bringt die ersten Schritte an einer Hand. Sie sind zwar noch wackelig und breitbeinig und das Kind verliert schnell sein Gleichgewicht, doch das Gehen wird jetzt ständig geübt. Krabbeln taugt nur noch, wenn es das Baby besonders eilig hat oder zum Spielen. Sobald irgendjemand zur Verfügung steht,

Endlich wie Mama und Papa laufen können, das ist das große Ziel Ihres Kindes.

Ständig in Bewegung 43

will es sich aufrichten, festhalten und laufen. Klar, dass es auch jede andere Stütze ergreift.

Manche Kinder machen gegen Ende des ersten Lebensjahres auch schon ihre ersten freien Schritte. Bei den meisten (rund 60 Prozent) dauert das allerdings noch zwei bis drei Monate länger.

Mit Spielzeug geht das Kind mittlerweile noch bewusster und aktiver um. So gibt es beispielsweise Gegenstände in die Hand der Mutter oder es legt sie in ein Gefäß. Selbst kleine Dinge kann es durch eine schmale Öffnung stecken, wie etwa durch einen engen Flaschenhals.

Dazu muss es bereits eine Menge gelernt haben: Es muss einen Gegenstand gezielt ergreifen und ihn willkürlich wieder loslassen können. Augen und Hände müssen in einem hohen Maß „zusammenarbeiten" und es muss räumliche Beziehungen erkennen können.

Die Sprache beginnt sich deutlich zu entwickeln. Aus dem fröhlichen, aber unverständlichen Geplauder der letzten Monate werden jetzt immer häufiger konkrete Begriffe. Es versucht, einzelne Worte nachzusprechen und Dinge beim Namen zu nennen. Bald schon ist nicht mehr jedes Tier ein „wau-wau". Aus der Ente wird ein „gack-ga", aus der Kuh eine „muh". Einfache Sätze versteht Ihr Kind schon ganz gut, etwa „Komm her!" oder „Bring das!". Dennoch folgt es nicht jeder Aufforderung, denn oftmals wird es von interessanteren Dingen auf dem Weg dorthin abgelenkt und vergisst sofort wieder, was es eigentlich tun wollte.

Die besten Spiele

Alle Bewegungsspiele sind jetzt der Renner. Dabei übt das Kind seine neuen Fähigkeiten. Aber auch Fingerspiele, rhythmische Reime oder Lieder lieben Kinder in diesem Alter. Das regt die emotionale, geistige und sprachliche Entwicklung an. Machen Sie Ihrem Kind Angebote. Zwingen oder überreden Sie es aber zu nichts. Spielen soll in erster Linie Spaß machen, Ihnen und Ihrem Kind, dann ist der Lerneffekt am größten.

Musikspiele

● **Trommeln:** Nehmen Sie eine leere, umgekehrte Waschmitteltonne und geben Sie Ihrem Kind einen Gegenstand zum Draufhauen. Wenn Sie Zeit haben, können Sie die „Trommel" mit einer bunten, selbst klebenden Folie bekleben, dann wird sie auch haltbarer.

Eine Trommel lässt sich auch wunderbar aus einer leeren Babynah-

---

Geduld – ein Schlüsselwort bei Kindern

Obwohl Sie Ihr Kind vielleicht wiederholt aufgefordert haben zu Ihnen zu kommen, will es scheinbar nicht hören. Und dies, obwohl es schon mehrmals durch entsprechende Reaktionen gezeigt hat, dass es Sie mittlerweile verstehen kann, wenn Sie „Komm bitte her!" sagen.

Es will Sie jedoch nicht bewusst ärgern, wenn es Ihren Aufforderungen nicht folgt, sondern hat diese schlichtweg wieder vergessen. Zu interessant war in der Zwischenzeit vielleicht ein Geräusch oder ein optischer Reiz, dem nachgegeben werden musste.

Legt man in die Trommeln etwas hinein (ein Stück Stoff oder anderes Spielzeug), können die Geräusche nochmals variiert werden.

Beim Umräum-Spiel mit den Knöpfen sollten Sie mitmachen und darauf achten, dass Ihr Kind keinen Knopf in den Mund steckt und verschluckt.

rungsdose basteln oder aus einem Kochtopf mit Deckel.
Am besten sind natürlich mehrere „Trommeln", die unterschiedlich klingen.

● **Klangmobile:** Hängen Sie an einem Kleiderbügel, an einem Stock oder an einem Reifen verschiedene Gegenstände auf – etwa unterschiedlich große Dosen von Kaffee oder anderen Konserven – und platzieren Sie sie so, dass Ihr Kind mit einem Gegenstand dranschlagen kann. Das gibt schöne „Melodien" und unterschiedlichste Geräusche, die es selbst hervorrufen kann.
Sie können auch einige der Dosen bekleben, um jeweils den Klang zu verändern.
Das Klangmobile lässt sich noch verbessern, wenn Sie zwischen die Dosen Löffel, Glöckchen, Metallfolie oder Topfkratzer hängen.
Auch verschiedene Dinge aus Holz geben wunderbare Klänge, wenn sie aneinanderstoßen oder mit einem anderen Gegenstand angeschlagen werden.

Geschicklichkeitsspiele

● **Umräumen:** Lassen Sie Ihr Kind große Knöpfe umräumen. Geben Sie ihm eine Schachtel mit Knöpfen (oder anderen ähnlichen Gegenständen) und eine andere, in die es die aufgegriffenen Knöpfe ablegen kann.

● **Passende Form:** Schneiden Sie aus einem Schachteldeckel eine Form aus (Schlitz, Kreis, Dreieck, Stern) und legen Sie ihn dann wieder auf die Schachtel. Geben Sie Ihrem Kind Gegenstände, die genau in die Öffnung passen. Es wird die Schachtel mit Begeisterung einräumen. Erst wenn es sich mit einer Öffnungsform sichtlich langweilt, sollten Sie eine neue anbieten.
Wenn Sie dabei sind, können Sie Ihrem Kind auch Flaschen mit verschieden großen Öffnungen (zum Beispiel Milch- oder Limonadeflaschen) geben und entsprechend kleines Spielzeug zum lustigen Hineinstecken.

● **Schlitze:** Nehmen Sie einen Karton (zum Beispiel einen Schuhkarton) und schneiden Sie einige Schlitze hinein (waagerecht und senkrecht, breite und schmale). Sie können den Karton auch mit Folie bekleben oder bemalen, dann macht es noch mehr Spaß.
Zum Einstecken eignen sich Postkarten, Bierdeckel, Holz- oder Plastikscheiben, feste, bunte oder bemalte Pappe oder festere Briefumschläge.

Fingerspiele

● **Finger weg:** Alle zehn Finger sind ausgestreckt und „wackeln" umher. Dazu abzählen: *Alle Finger wackeln, alle Finger wackeln, einer fällt um, jetzt sind es nur noch neun.* Der umgefallene Finger wird eingeknickt. Das Spiel so lange weitermachen, bis alle zehn Finger weg und nur noch zwei Fäuste zu sehen sind. Das Spiel geht auch mit fünf Fingern. Am besten machen Sie es Ihrem Kind erst einmal vor und lassen es dann mit seiner eigenen Hand mitmachen.

● **Handpuppe:** Auch Puppen über der ganzen Hand machen Kindern jetzt großen Spaß. Herstellen können Sie sie entweder aus Waschhandschuhen, auf die Sie mit Textilfarbe Gesichter malen, oder aus Papiertüten, die gerade über eine Hand passen.

● **Fingerpüppchen:** Sie können mit Ihren Fingern Ihrem Kind Geschichten erzählen. Stecken Sie sich dazu Fingerpuppen auf. Es gibt sie fertig in Spielwarenläden. Oder Sie basteln sie selbst: stricken, häkeln oder aus Stoffresten nähen. Bunte Plastikfingerhüte, auf die Gesichter gemalt und aus Wollresten oder Federn Haare geklebt sind, erfüllen ihren Zweck ebenso. Besonderen Spaß macht es, wenn an der einen oder anderen Fingerpuppe ein kleines Glöckchen klingelt. Jeder Finger ist eine andere Figur oder ein Tier. Diese sprechen mit dem Kind oder unterhalten sich untereinander. Manchmal verschwindet auch eine (in der Faust). Keine Frage, dass auch Ihr Kind ein Fingerpüppchen bekommt, wenn es mitspielen möchte.

● **Abzählreime:** Sie eignen sich für Fingerspiele besonders.

Kommt ein Mäuschen
Übers Häuschen.
Wo soll's rasten?
In (Peters) Herzkasten.
Ihre Finger sind das Mäuschen. Sie wandern von den Füßen des Kindes den Körper hinauf und krabbeln dann ganz schnell über die Brust (den Herzkasten).

Da kommt ein Bär.
Wo kommt er her?
Wo will er raus?
In Bübels (Mädels) Haus.
Dabei laufen Sie mit Ihren Fingern auf Ihr Kind zu (in der Luft, über den Tisch, übers Bett) oder krabbeln damit am Körper Ihres Kindes hoch. Am Ende kraulen oder kitzeln Sie es am Kinn, Hals oder Nacken.

Der ist ins Wasser gefallen,
Der hat ihn wieder herausgeholt,
Der hat ihn ins Bett gebracht,
Der hat ihn warm zugedeckt.
Und der kleine Schlingel
Hat ihn wieder aufgeweckt.
Beim Daumen beginnen und dann bis zum kleinen Finger zu jeder Zeile einen Finger in die Hand nehmen und leicht schütteln. Beim kleinen Finger etwas stärker schütteln.

Fröhliches erstes Zählen mit den Fingern

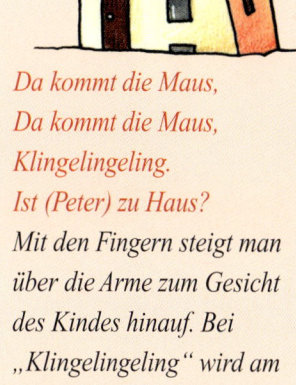

Da kommt die Maus,
Da kommt die Maus,
Klingelingeling.
Ist (Peter) zu Haus?
Mit den Fingern steigt man über die Arme zum Gesicht des Kindes hinauf. Bei „Klingelingeling" wird am Ohrläppchen gezupft.

Zum Däumchen sag' ich eins,
Zum Zeigefinger zwei,
Zum Mittelfinger drei,
Zum Ringfinger vier,
Zum kleinen Finger fünf.
Bei jeder Zeile den richtigen Finger ausstrecken. Das Kind kann es nachmachen und lernt dabei, wie seine Finger heißen.

Wasserspiele

● **Schöpfen:** In der Badewanne macht es nach wie vor Spaß, Wasser in einen Becher einzufüllen und wieder auszuschütten. Eine interessante Variante dieses Spiels: Machen Sie Löcher in den Becherboden (zum Beispiel einen Joghurtbecher), dann kann Ihr Kind einen Wasserstrahl erzeugen. Noch spannender wird es, wenn ein Becher mehrere verschieden große Löcher hat. Denselben Spaß macht auch eine kleine Gießkanne.

● **Badeschaum:** Mit Badeschaum lässt sich ganz herrlich spielen. Da können Sie mit Ihrem Kind „Berge" bauen oder ihm einen Hut aus Schaum aufsetzen, seine Füße unter dem Schaum suchen oder mit Schaum auf der Nase oder auf den Wangen ein lustiges Gesicht machen. Natürlich braucht man dazu einen Spiegel nahe der Wanne, um die Kunstwerke auch sehen zu können.

● **Planschbecken:** Im Sommer lassen sich die Wasserspiele in einem kleinen Planschbecken (man kann es auch auf den Balkon stellen) fortsetzen. Vier bis fünf Zentimeter Wasserhöhe reichen zum Planschen aus. Zu Anfang kann Ihr Kind am Beckenrand sitzen und Sie singen mit ihm: „Alle meine Entchen schwimmen auf dem See, schwimmen auf dem See. Köpfchen in das Wasser, Schwänzchen in die Höh" oder ein anderes Badelied.

● **Gießen und spritzen:** Geben Sie Ihrem Kind bunte Plastikschüsseln, ein Sieb oder andere Haushaltsgegenstände mit ins Planschbecken. Damit kann es gießen und spritzen.

● **Papierschiffchen:** Machen Sie Ihr Kind zum Freizeitkapitän. Ein spannender Nebeneffekt: Es lernt, dass sich Papier im Wasser nach einiger Zeit auflöst.

So wird ein Papierschiffchen gefaltet:
Man nimmt ein rechteckiges Papier und faltet es an der langen Seite ein-

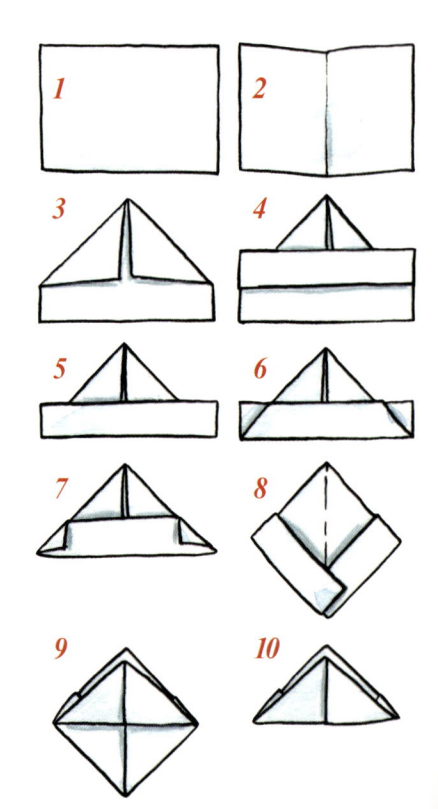

Wenn Sie gemeinsam mit Ihrem Kind baden, darf es auch Sie mit Schaum „verschönern".

mal in der Mitte. Dann die linke und rechte obere Ecke in die Mitte biegen und über die Kanten streifen. Es entsteht ein Dreieck über einem Rechteck. Den einen Teil des Rechtecks nach oben biegen, die beiden hervorstehenden Ecken nach hinten umbiegen. Das Ganze umdrehen und mit dem anderen Rechteck genauso verfahren. Das nun entstandene doppelte Dreieck unten öffnen und entgegengesetzt wieder zusammenlegen, sodass eine Raute entsteht. Die beiden offenen Ecken der Raute nach oben biegen, eine vorne, eine hinten, und die Kanten festdrücken. Jetzt ist ein Dreieck entstanden. Das Dreieck an der Mittellinie öffnen und die beiden Ecken aufeinander legen. Kanten glatt streichen. Nun die beiden oberen Ecken der Raute gleichzeitig nach rechts und links auseinander ziehen.

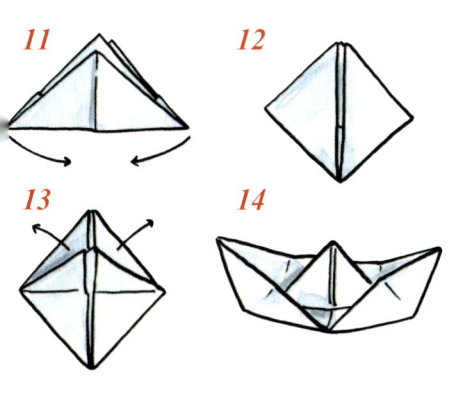

Tobespiele

● **Fliegen:** Legen Sie Ihr Kind mit der Brust auf Ihren Unterarm. Ihre Hand greift unter der Achsel des Kindes durch und hält den Arm fest. Mit der anderen Hand greifen Sie zwischen den Beinen des Kindes durch und halten es am Bauch. Dann strecken Sie Ihre Arme mit dem Kind möglichst weit aus und drehen sich. So kann das Kind fliegen. Wenn Sie genügend Kraft haben und das Kind noch nicht zu schwer ist, können Sie beim Fliegen Ihre Arme auch noch auf und nieder bewegen. Das gibt einen besonderen Prickel und macht noch mehr Spaß.

● **Wettrennen:** Gehen Sie in Krabbelstellung und machen Sie krabbelnd mit Ihrem Kind ein Wettrennen durch die Wohnung. Natürlich sollte auch das Kind mal gewinnen. Sie können ihm aber auch davonkrabbeln und sich fangen lassen. Oder Sie fangen Ihr Kind ein.

● **Fäusteturm:** Dieses Spiel geht am besten, wenn Sie Ihr Kind auf dem Schoß haben und am Tisch sitzen. Es können auch noch mehrere Leute mitspielen: Sie machen einen Fäusteturm. Dazu machen Sie eine Faust, mit der Sie den Daumen des Kindes umfassen (an der Handkante). Oben strecken Sie Ihren Daumen aus, den die Faust Ihres Kindes nehmen kann. Dann kommt wieder Ihre Faust (oder die eines zusätzlichen Mitspielers).

Für den Freizeitkapitän in der Badewanne

Für Ihren Freizeitkapitän in der Badewanne können Sie statt eines Papierschiffchens auch einen kleinen Eierkarton nehmen, an den Sie zum Ziehen eine leere Toilettenpapierrolle mit einer Schnur binden. Und wenn Sie dann noch eine zweite leere Toilettenpapier- oder ein Stück Haushaltsrolle als Schornstein aufstecken, in die Sie ein Stück Schwamm klemmen, dann hat Ihr Boot sogar eine richtig große Rauchwolke. Und auf geht's zur großen Fahrt, bei der Sie Ihr Kind niemals allein lassen sollten!

Mit diesem Fäusteturm wird nun auf den Tisch geklopft und „Butter gestampft". Dazu können Sie abzählen:
Butter stampfen, Butter stampfen,
Eine Hand kommt weg.
(Jetzt muss die obere Faust weg.)
Butter stampfen, Butter stampfen,
Eine Hand kommt weg.
(Jetzt geht die nächste Hand und immer so weiter, bis keine Faust mehr auf dem Tisch ist.)
Das Spiel kann auch in der umgekehrten Reihenfolge gespielt werden. Es wird mit einer Faust begonnen *(Butter stampfen, Butter stampfen, eine Hand kommt hin)* und nach und nach der Turm wieder aufgebaut.

● **Hinunterplumpsen:** Lassen Sie Ihr Kind an sich „hochklettern". Nehmen Sie es unter den Armen (gut festhalten), dass es mit seinen Füßen Ihre Beine entlang über den Bauch bis auf Ihre Schultern kommt. Mit einem Plumps lassen Sie es schnell wieder nach unten „fallen".
Wichtig: das Kind sehr gut festhalten. Es hat so viel Vertrauen zu Ihnen, dass es von alleine herunterplumpsen wird und nicht abwartet, ob Sie es auch gut halten.

● **Tanzen und springen:** Nehmen Sie Ihr Kind unter den Arm und tanzen und springen Sie mit ihm. Dazu können Sie ein Lied singen und die Bewegungen im Takt mitmachen:

Zeigt her eure Füßchen,
Zeigt her eure Schuh',
Und sehet den fleißigen
Waschfrauen zu.
Sie waschen, sie waschen,
sie waschen den ganzen Tag.

Setzen Sie Ihr Kind auf den Schoß mit dem Gesicht zu Ihnen. Dann nehmen Sie es an beiden Händen und singen oder sprechen:

Ri-ra-rutsch,
Wir fahren mit der Kutsch',
Wir fahren mit der Schneckenpost,
Wo es keinen Pfennig kost'.
Ri-ra-rutsch,
Wir fahren mit der Kutsch'.

Bei jeder Silbe nehmen Sie mit Ihrer Hand eine Hand des Kindes nach vorn, die andere nach hinten und das im rhythmischen Wechsel. Je älter das Kind ist, desto wilder wird dieses Spiel werden.
Alle anderen Hoppe-Reiter-Spiele, die Sie bisher schon mit Ihrem Kind gemacht haben, sind nach wie vor beliebt. Natürlich werden sie mit der Zeit alle etwas schneller und wilder. Und oft gehen die Bewegungen von Ihrem Kind aus. Sie brauchen also nur noch mitzumachen.

Fünftes Kapitel

Das zweite Lebensjahr

Zwölf Monate hat Ihr Kind nun fleißig geübt und dabei eine Reihe großartiger Fähigkeiten erworben. Es kann stehen, krabbeln, sitzen und beinahe schon laufen. Jetzt will es auch zeigen, was es kann. Mobil, wie es ist, möchte es seine Umgebung erobern, seine Freiheit, sich selbstständig fortzubewegen, auch auskosten. Tempo ist angesagt und viel Schwung. Nichts ist mehr vor ihm sicher. Es kommt überall hin, auch da, wo es nicht soll: an die steile Treppe zum Beispiel, an den heißen Herd, an Steckdosen, Fernseher, Schubladen oder an Zimmerpflanzen. Es ist unglaublich neugierig, will alles erforschen und erkunden, kennt aber die Gefahren noch nicht. Für die Eltern heißt das: aufpassen, aufpassen, aufpassen. Denn für eine optimale Entwicklung braucht das Kind die Bewegungsfreiheit, muss seinen Forscherdrang, so gut es geht, befriedigen können. Denn auch im zweiten Lebensjahr gilt es, noch eine Menge zu lernen. Und wer sein Kind genau anschaut, wird entdecken, dass jeden Tag irgendetwas Neues hinzukommt.

Die körperliche Entwicklung

Tempo ist angesagt und viel Schwung bei der Erforschung der eigenen Möglichkeiten.

Im zweiten Lebensjahr wächst das Kind nicht mehr so schnell wie in den letzten zwölf Monaten. Doch durchschnittlich rund zehn Zentimeter sind es auch in diesem und in den nächsten Jahren noch (gegenüber etwa 25 Zentimeter, die es im ersten Lebensjahr wächst).

Im Lauf der nächsten Monate wird es vollständig von der Babynahrung auf Erwachsenenkost umsteigen. Wenn Sie selbst sehr scharf, fett oder oft Geräuchertes essen, sollten Sie für Ihr Kind allerdings etwas milder kochen, damit es keine Verdauungsprobleme bekommt. Mit der Nahrungsumstellung entwickeln sich beim Kind auch Vorlieben für und Abneigungen gegen bestimmte Speisen. Es gibt keinen Grund, ihm irgendetwas aufzuzwingen. Alle Nährstoffe, die es braucht, bekommt es auch aus Lebensmitteln, die ihm schmecken. Auch bei den Essmengen ist keinerlei Zwang vonnöten. Einjährige Kinder spüren noch sehr genau, wie viel Nahrung ihr Körper benötigt. Das ist individuell sehr unterschiedlich: kleine, zierliche werden weniger essen als große. Temperamentvolle Kinder, die unentwegt in Bewegung sind, brauchen mehr als ruhige, die nicht so viel herumtoben. Vor allem aber brauchen sie ausreichend Flüssigkeit. Zwar weniger wie als Baby, doch bezogen auf ihr Körpergewicht immer noch erheblich mehr als ältere Kinder und Erwachsene.

Die Umgebung erkunden und Geschicklichkeit trainieren

Mit 18 Monaten sollte jedes Kind gut alleine laufen können. Viele beginnen jetzt schon aufrecht eine Treppe hinaufzusteigen (runter dauert es etwas länger, das ist schwieriger). Sie müssen sich dazu festhalten und setzen dabei immer den zweiten Fuß auf dieselbe Stufe wie den ersten. Bis zum zweiten Geburtstag steigt ein Kind in der Regel eine Treppe freihändig und ohne Probleme hinauf. Sessel und Stühle werden zu beliebten Kletterobjekten. Stürze, die meist sehr glimpflich verlaufen, bleiben natürlich nicht aus.

Die Hände werden von Tag zu Tag geschickter, die Koordination zwischen Hand, Finger und Augen immer besser. Sie können Ihrem Kind zum Essen jetzt schon einen Löffel geben. Das ist ein sehr kompliziertes Gerät und erfordert noch einige Übungszeit, bis die Mahlzeit ohne Probleme damit in den Mund gelangt. Die Fähigkeiten der Hände übt das Kind aber auch mit Perlen, die es auffädelt (beherrscht es etwa um den zweiten Geburtstag), Knöpfen und Knopflöchern oder sonstigen kleinen Dingen, mit denen es spielt.

Die geistige Entwicklung

Alle Sinnesorgane sind jetzt voll funktionstüchtig und ihr Zusammenspiel verfeinert sich immer mehr. Das bedeutet, dass das Kind seine Umwelt immer besser begreift und sich darin zurechtfindet. Der Tastsinn dominiert dabei allerdings noch immer. Das zeigt sich daran, dass Ihr Kind nach wie vor neue Gegenstände in den Händen dreht und wendet und dann genussvoll mit dem Mund daran weiter forscht. Optische und akustische Eindrücke werden immer wichtiger. So schaut es sich gerne gemeinsam mit Mutter oder Vater ein Bilderbuch an, hört, macht und unterscheidet verschiedenartige Geräusche. Nach und nach lernt das Kind seine räumliche Umgebung immer besser kennen. Es unterscheidet zwischen innen und außen, hohl und massiv, oben und

Kleine Persönlichkeit auch mit Blick aufs Essen

Obwohl das Essen durch den Einsatz eines Löffels wesentlich interessanter geworden ist, will Ihr Kind vielleicht nicht mehr alles essen. Es hat im Lauf der Zeit geschmackliche Vorlieben und Abneigungen entwickelt – wie Sie auch.
Damit es trotzdem alle wichtigen Nährstoffe, die für sein Wachstum wichtig sind, erhält, versuchen Sie so abwechslungsreich wie möglich zu kochen. Eine ausgewogene Ernährung ist wichtig.

unten, hinten und vorne. Das zeigt sich in der Fähigkeit, Gegenstände nach Größe, Farbe und Form zu sortieren. Oder sich lange Zeit (10 bis 20 Minuten) konzentriert mit einem Spielzeug zu beschäftigen, wenn dieses aus mehreren Einzelteilen besteht. Einfache Spielzeuge, wie etwa ein Auto oder eine Rassel, faszinieren Ihr Kind meist nur noch kurze Zeit. Mit diesen räumlichen Erkenntnissen hängt auch die Vorliebe des Kindes zusammen, die Finger oder die ganze Hand in Hohlräume und Löcher zu stecken.

Räumliche Erfahrung und der Einsatz von Hilfsmitteln

Den großen Raum der Wohnung, von dem es umgeben ist, erobert sich das Kind, indem es unermüdlich herumkrabbelt oder läuft. Es lernt dabei Entfernungen kennen.
Am Ende des zweiten Lebensjahres finden sich Kinder schon recht gut in der Wohnung zurecht. Sie wissen, wo das Bad, die Küche oder das Schlafzimmer ist.
Neu ist die Art und Weise, wie das Kind an die Dinge herangeht. Hat das Baby in den letzten Monaten noch eher zufällig mit Spielzeug hantiert, bekommt das Ganze nun System. Will ein Kind jetzt beispielsweise ein Bauklötzchen vom Tisch holen, wird es mehrere Möglichkeiten ausprobieren: stoßen, pusten, schieben oder rollen – und das ganz bewusst. Außerdem lernt es Hilfsmittel zu benutzen, etwa einen Stuhl heranzuschieben, um auf den Tisch klettern zu können, einen Stock zu nehmen, um den Ball unterm Sofa wieder hervorzubringen, und so weiter.

Erkennen und Erinnern: Die Steigerung der Gedächtnisleistung

Das sind große geistige Leistungen, die nur deshalb funktionieren können, weil sich das kindliche Gehirn weiterentwickelt hat und das Gedächtnis bereits einiges leistet. Mit eineinhalb Jahren kann ein Kind auch schon einfachere Zusammenhänge erkennen. Es weiß etwa, dass ein Spaziergang bevorsteht, wenn die Mutter mit der Jacke hereinkommt, oder dass jemand zum Telefon oder an die Tür gehen wird, wenn es klingelt. Es kann sich also erinnern, dass es schon einmal so war.

Die Sprach-
entwicklung

Im zweiten Lebensjahr versteht das Kind schon eine Menge von dem, was ihm gesagt wird. Es kann den Sinn erfassen, wenn die Mutter sagt: „Komm, wir gehen" oder „Fass das nicht an" oder „Zeige der Tante den Teddy".

Wenn es nicht abgelenkt wird, führt es Aufforderungen und Aufträge auch gleich aus. Weil es viel versteht, lernt es auch selbst neue Wörter hinzu, sodass es am Ende des zweiten Lebensjahres bereits einfache Zwei- und Dreiwortsätze sprechen kann.

In der ersten Hälfte des zweiten Lebensjahres kommen meist nur wenige neue Wörter hinzu – besonders bei sehr lebhaften Kindern. Sie sind so sehr damit beschäftigt, laufen zu lernen, durch die Wohnung zu toben, ihrem Bewegungsdrang nachzugeben, dass es so aussieht, als wollten sie nicht sprechen lernen.

Doch das täuscht. Sie beginnen damit eben erst später; im zweiten Halbjahr oder auch erst nach dem zweiten Geburtstag. Verstehen können auch Kinder, die jetzt noch nicht so gut sprechen.

Es ist eine schwierige Angelegenheit und eine große geistige Anstrengung für das Kind, nicht nur Wörter auszusprechen, sondern auch die richtigen Begriffe zu lernen. So kommt es häufig vor, dass Kinder für die unterschiedlichsten Dinge denselben Begriff verwenden: beispielweise zu allem, was haarig ist (Hund, Rasierpinsel, Zopfpuppe) „wau-wau" sagen oder „Auto" zu allem, was Räder hat (das kann auch die Ente auf vier Rollen sein). Das kommt daher, dass Kinder sich erst einmal nur einzelne, ganz bestimmte Merkmale einprägen, wenn sie einen Begriff lernen. Zum Beispiel beim Auto: Das hat vier Räder, also ist alles, was vier Räder hat, ein Auto.

Erst nach und nach kann es genauer differenzieren. Natürlich nur dann, wenn seine Fehler immer wieder korrigiert werden. Das geschieht am besten dadurch, dass Mutter oder Vater ohne weiteren Kommentar das richtige Wort sagen. Denn der Hinweis „Das ist falsch" oder Ähnliches würde das Kind verunsichern und ihm die Freude am Sprechen nehmen.

Trotz sehr unterschiedlicher Erscheinungsformen wählen Kinder am Anfang ihrer Sprachentwicklung zu Dingen mit ähnlicher Grundstruktur dasselbe Wort. Dies setzt aber schon ein Abstraktionsvermögen voraus.

Die soziale Entwicklung

Kinder können sehr ungeduldig im Hinblick auf ihre eigene Entwicklung sein: Alles geht ihnen einfach nicht schnell genug und Verbote stören entsetzlich. Das führt zu Frust und damit verbunden zu Trotzanfällen, die mehr oder weniger stark ausfallen können. Eigentlich nichts Schlimmes, wenn da nicht die Umwelt mit ihrem fehlenden Verständnis wäre.

Ihr Kind ist jetzt schon eine richtige kleine Persönlichkeit. Mit aller Macht will es selbstständig werden. Doch das ist gar nicht so einfach. Einerseits fühlt es sich großartig, denn es kann sich aus eigener Kraft fortbewegen, den Dingen seinen Willen aufzwingen, seine Umwelt regelrecht erobern. Auf der anderen Seite machen ihm diese Fähigkeiten auch Angst. Es fühlt zum ersten Mal, dass es keine Einheit mehr mit der Mutter ist, dass es sich unterscheidet von den übrigen Menschen seiner Umgebung. Deshalb ist der scheinbare Widerspruch, dass das Kind einerseits der Draufgänger ist, der weg will, und andererseits ängstlich am Rockzipfel seiner Mutter hängt, ganz normal.

Hinzu kommt, dass ihm vieles, was es machen möchte, nicht sofort gelingt. Oder dass es Dinge nicht haben kann, die es sieht und gerne ergreifen möchte. Oder dass es sich Verboten fügen muss, die die Eltern aussprechen, um es vor Gefahren zu schützen. Das alles macht es zornig und wütend. Regelrechte Ausbrüche, bei denen es schreit, sich auf den Boden wirft, sein Spielzeug in die Ecke feuert oder mit den Füßen aufstampft, können an der Tagesordnung sein. Es gibt so viel Neues zu entdecken und zu erproben.

Doch so etliches will einfach nicht gelingen. Die geistigen Fähigkeiten sind den körperlichen manchmal einfach ein wenig voraus. Das kann auch dazu führen, dass Ihr Kind nachts plötzlich wieder aufwacht und getröstet werden möchte. Tun Sie es, leiten Sie es auch am Tag liebevoll. Aber zeigen Sie ihm auch konsequent seine Grenzen.

Konsequentes Verhalten der Eltern ist jetzt besonders wichtig. Denn das Kind versucht ja nicht nur, Gegenstände seiner Umgebung genauer kennen zu lernen, sondern auch die Menschen. Verhalten sich diese jedoch ständig anders, ist es sehr schwer für das Kind, sie einzuschätzen, ihre Reaktionen und ihr Verhalten vorauszuberechnen. Ganz besonders bei Verboten sollten Sie deshalb immer genau überprüfen: Ist es wirklich notwendig, halten Sie das Verbot auch durch (wenn sich Ihr Kind schreiend auf den Boden wirft, zum Beispiel)! Wenn Sie Ihrem Kind etwa heute erlauben, mit Ihnen in der Küche „zu kochen", es ihm aber morgen verbieten, verwirren Sie es und fordern trotziges, ängstliches oder wütendes Verhalten geradezu heraus.

Die besten Förderspiele

Am liebsten machen Kinder das, was auch die Erwachsenen tun. Sie sind unermüdliche Nachahmer. Die schönsten Spiele sind deshalb auch die Tätigkeiten, mit denen die Mutter oder der Vater gerade beschäftigt sind: Kochen, Aufräumen, Zeitung lesen, Staub saugen, Baden und so weiter. Lassen Sie Ihr Kind mitmachen, denn Sie fördern dabei seine Selbstständigkeit, seine Geschicklichkeit und auch seine geistige Entwicklung. Bieten Sie Ihrem Kind die nachfolgenden Spiele an. Sie fördern all die Fähigkeiten, die es im zweiten Lebensjahr erwirbt. Sie regen die Sinne, die Wahrnehmungsfähigkeit, die Geschicklichkeit und die Kreativität an. Jedes Spiel erfüllt immer gleichzeitig mehrere Funktionen. Zur besseren Übersicht sind sie hier in Gruppen eingeteilt, die immer das Hauptmerkmal bezeichnen. Dennoch fördern sie mit einem Bewegungsspiel natürlich auch andere Fähigkeiten als nur die Motorik, denn Ihr Kind sieht etwas dabei, hört etwas (wenn Sie dabei eine Geschichte erzählen oder ein Lied singen) und ist geistig gefordert.

Lassen Sie immer Ihr Kind bestimmen, ob und wie lange es ein Spiel machen will, und stören Sie es nicht, wenn es sich gerade selbst intensiv mit etwas beschäftigt.

Spiele zum Denken und Gestalten

● **Entdeckungsreisen:** Machen Sie Ihr Kind beim Spaziergang auf Ziele aufmerksam; etwa in der Art wie: „Jetzt kommen wir gleich zur gelben Telefonzelle." Anfangs sollten Sie immer nur ein Ziel nennen, das nicht weiter als 40 oder 50 Meter entfernt ist.

Im Laufe des Jahres können Sie dann weiter entfernte Ziele nennen und auch mehrere hintereinander, zum Beispiel: „Gleich sind wir an der Ampel und dann kommen wir am Bäcker vorbei."

Entdecken lassen sich beispielsweise auch Bäume und ihre unterschiedlichen Blätter. Pflücken Sie ruhig einmal zwei, drei Blätter von verschiedenen Bäumen ab und geben Sie sie Ihrem Kind, damit es sie untersuchen, den Unterschied feststellen kann.

● **Ursache und Wirkung:** Zeigen Sie Ihrem Kind, wie man einen Wasserhahn aufdreht. Es lernt dabei den Zusammenhang – aufdrehen, Wasser fließt.

Lassen Sie einen kleinen Ball ins Wasser plumpsen (am besten in der Badewanne). Erst aus geringer Höhe, da spritzt es nur ganz wenig. Von weiter oben spritzt es mehr.

Bewegliche Katzenmutter und Katzenkind

Eine selbst gebastelte Katzenmutter mit Kind, aus Karton ausgeschnitten und an einem Faden an der Decke befestigt, drehen sich wunderbar, wenn sie je eine frei bewegliche Spirale als Schwanz erhalten. Zum Schluss nur noch anmalen, ein paar Barthaare aufkleben – und fertig ist das Paar, unter dem man sich wunderbar selbst mitdrehen kann.

Generationen haben schon mit ihnen gespielt – den Bauklötzen. Reich an Formen und eventuell auch an Farben, lassen sich mit ihnen die vielfältigsten Bauwerke zaubern oder einfach auch Muster legen.

Lassen Sie Ihr Kind eine Kerze ausblasen (vor der Hitze warnen!). Was passiert dabei? Erst flackert die Flamme, dann geht sie aus und am Ende raucht es nur noch.

● **Entscheiden:** Mit knapp einundhalb Jahren lernt Ihr Kind schon kleinere Entscheidungen zu treffen. Legen Sie ihm beispielsweise einen Keks, ein Stück Apfel und ein Stück Banane hin und fordern Sie es auf, sich ein Stück herauszusuchen. Am Anfang will es wahrscheinlich noch alle drei Teile. Doch bald wird es sich für eines oder zwei entscheiden. Eine großartige geistige Leistung, denn es muss sich an den Geschmack erinnern, muss die Dinge im Geist vergleichen und überlegen, was ihm lieber ist. Drängen Sie es aber nicht, wenn es sich nicht sofort entscheiden kann oder überhaupt nichts will. Schließlich soll das ein Spiel sein und Freude machen. Entscheidungsspiele können Sie auch mit anderen Dingen machen: mit Söckchen (die roten oder die gelben), mit Spielzeug (die Puppe oder der Teddy), mit Getränken (Kakao oder Milch).

● **Sortieren:** Spätestens jetzt sollte Ihr Kind Bauklötze haben. Mit ihnen lassen sich viele faszinierende Spiele spielen, die alle möglichen Fähigkeiten anregen: Denken, Kreativität, Geschicklichkeit, genaues Sehen und dergleichen mehr.
Lassen Sie Ihr Kind eine Kiste Bausteine auf die Erde schütten. Dann darf es sie sortieren. Nach Größe, Form und Farbe jeweils ein Häufchen machen. Es kann aber auch andere Dinge sortieren, zum Beispiel Besteck, Spielzeugautos, Papierschnipsel, Stifte, Wäsche, Socken und so weiter.

● **Bauen:** Aus Bauklötzen lassen sich die interessantesten Dinge bauen. Mauern, Türme, Häuser, Autos, Eisenbahnen. Anfangs sollten Sie noch mit Ihrem Kind gemeinsam bauen, damit es sieht, was sich alles machen lässt. Akzeptieren Sie dabei seine Wünsche, wenn es einen Baustein irgendwohin legen möchte. Auch wenn er nicht in Ihr „Gebäude" passt.

● **Muster:** Aus Bausteinen, Bildern und anderen Materialien lassen sich wunderbar verschiedene Muster legen oder bauen. Zeigen Sie Ihrem Kind, wie eine Bausteinmauer oder ein Turm aussieht, wenn sie aus verschiedenfarbigen Bausteinen gebaut werden – rot, gelb, rot-gelb zum Beispiel. Es wird ihm jetzt noch nicht ganz gelingen, das genau nachzumachen. Doch es kann bereits eigene Muster erfinden.
Jetzt eignen sich auch Spielsachen, die sich zerlegen und wieder zusammensetzen lassen, beispielsweise einfache Holztiere, die aus mehreren Teilen bestehen. Da lässt sich forschen und erfinden.

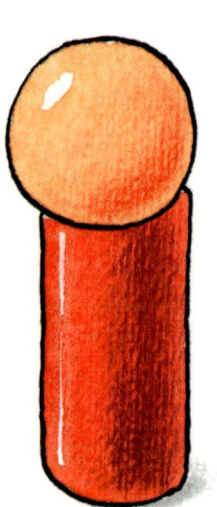

Bewegungsspiele

● **Hüpf-Hasen:** Sie und Ihr Kind sind Hasen. Sie gehen beide in die Hocke und hüpfen dann um die Wette los. Auf einem Stuhl am anderen Ende des Zimmers liegt eine Möhre (oder sonst eine kleine Belohnung). Ist der Hase dort angekommen, gehört sie ihm. Kommt Ihr Kind noch nicht aus der Hocke hoch, kann es auch aus dem Stand loshüpfen.

● **In die Arme:** Gehen Sie in ein paar Metern Entfernung von Ihrem Kind in die Hocke, breiten Sie die Arme aus und rufen Sie es zu sich. Egal, ob es angekrabbelt oder angelaufen kommt, heben Sie es, sobald es da ist, unter den Armen hoch in die Luft. Das ist ein Mordsspaß.
Eine „Belohnung" fürs Ankommen kann auch sein, dass Sie es hochheben, hinter Ihren Kopf auf die Schultern setzen und damit durch die Wohnung hüpfen (gut an den Unterarmen festhalten!).

● **Schlangenjagd:** Sie nehmen eine längere Schnur oder ein Band und ziehen diese über den Boden. Ihr Kind soll dem Ende nachlaufen und, wenn es nahe genug heran ist, darauf treten, sodass Sie anhalten müssen. Das ist eine sehr schwierige Übung. Damit es Spaß macht, sollten Sie dafür sorgen, dass es das Ende der Schnur mit seinen Füßen auch erwischt. Hat es ein paar Mal getroffen, darf es die Schnur für Sie über den Boden ziehen.

● **Sprungschanze:** Lassen Sie Ihr Kind von etwas herunterspringen. Am Anfang von ganz niedrigen Dingen, etwa von einer Matratze, die am Boden liegt. Später kann die Höhe langsam gesteigert werden – Fußschemel, Treppenstufe, Stuhl, Sessel oder Sofa. Am besten machen Sie Ihrem Kind vor, wie das geht. Sie stellen sich darauf, wie ein Skispringer, mit den Armen nach hinten, springen und gehen dabei tief in die Knie. Ein Wettspringen macht das Ganze noch spannender.

● **Klettermaxe:** Das ist eine Abwandlung des Kletterspiels, das Sie schon mit Ihrem Baby gemacht haben. Sie nehmen Ihr Kind an beiden Unterarmen, hinter den Handgelenken, und lehnen sich ein wenig zurück. Jetzt kann das Kind an Ihnen hochklettern. Wenn Sie dabei noch in die Knie gehen, hat es am Anfang eine höhere Stufe zu bewältigen.

● **Entenwettlauf:** Kinder ziehen sehr gerne etwas hinter sich her. Nehmen Sie eine Ziehente (oder

Auf Mamas Rücken reiten macht Spaß

Und bei jeder neuen Generation bietet sich nach einer Weile der gleiche Anblick: Die Mutter krabbelt auf allen vieren durchs Zimmer, während ihr Kind fröhlich juchzend auf ihrem Rücken sitzt und reitet.
Ein äußerst beliebtes Spiel, bei dem der Gleichgewichtssinn Ihres Kindes recht gut geschult wird. Wollen Sie diese Schulung noch etwas steigern, wackeln Sie vorsichtig mal nach rechts und dann wieder nach links mit Ihrem Körper. Am Anfang kann vielleicht ein Familienmitglied dabeistehen, um das Kind gegebenenfalls aufzufangen, sollte es herunterrutschen.

Um die Koordinationsfähigkeit Ihres Kindes zu unterstützen, eignet sich das Windmühlespiel: Dabei kreist zunächst ein Arm in der Luft und anschließend der andere. Dann bewegen sich beide Arme in derselben Richtung. Zu guter Letzt wird der Versuch gemacht, beide Arme in entgegengesetzter Richtung kreisen zu lassen.

irgendetwas anderes, das an einer Schnur befestigt ist) und geben Sie Ihrem Kind ebenfalls eine. Dann laufen Sie beide los, entweder nebeneinander oder hintereinander. Irgendwann fängt dann die eine „Ente" die andere, indem sie zusammenstoßen. Dasselbe geht auch sehr gut mit einem Schiebespielzeug an einer Stange. Da heißt es allerdings aufpassen, dass das Kind nicht vor lauter Eifer und Eile über das Spielzeug stürzt und sich verletzt.

● **Rund um den Tisch:** Spielen Sie mit Ihrem Kind Fangen. Dabei laufen, krabbeln oder rutschen Sie hinter Ihrem Kind im Kreis um einen Tisch oder Stuhl. Spätestens nach der dritten Runde sollten Sie Ihr Kind fangen oder sich fangen lassen. Und dann das Ganze in entgegengesetzter Richtung.

● **Eisenbahn:** Dazu brauchen Sie zwei längere Stäbe. Das eine Ende nehmen Sie in je eine Hand, das andere Ende bekommt Ihr Kind. Zuerst darf Ihr Kind die Lokomotive sein, also vorne gehen, danach Sie. Bei Ihrer „Fahrt" durch die Wohnung, um Tische und Stühle herum, machen Sie Zuggeräusche.
Auf diese Weise können Sie mit Ihrem Kind auch „Auto" spielen (mit den entsprechenden Geräuschen) oder „Safari", indem Sie ein Tuch oder ein Spielzeug an einen oder beide Stäbe hängen. Anfangs werden Sie Ihr Kind noch ein wenig lenken müssen (durch leichten Druck der Stäbe). Doch schon bald wird es den Weg alleine beherrschen und die Richtung selbst angeben.

● **Strandläufer:** Auf einer weichen Unterlage, einem Bett oder einer Matratze auf dem Boden, wird ein Wettrennen gemacht. Wer hinfällt, wird gekitzelt. Im Sommer lässt sich dieses Spiel natürlich ganz vorzüglich am Strand spielen. Weicher Sand fühlt sich auch noch ganz besonders angenehm und warm an. Statt eines Wettrennens können Sie auch ein Fangspiel veranstalten.

● **Kopfstand:** Ihr Kind liegt auf dem Rücken. Sie ziehen es langsam an den Füßen hoch, bis es senkrecht ist. Wenn es ihm Spaß macht, können Sie es auch einige Zentimeter über dem Boden baumeln lassen. Dann lassen Sie es langsam wieder herunter in seine Ausgangslage. Versucht es im „Kopfstand" mit den Händen am Boden Halt zu suchen, lassen Sie es in die Bauchlage wieder herunter.

● **Treppenlaufen:** Nehmen Sie Ihr Kind an der Hand und „laufen" Sie eine Treppe hinauf und wieder hinunter. Das Kind sollte mindestens schon 18 Monate alt sein und die Treppe muss nicht höher als drei Stufen sein. Wenn Ihr Kind schon sicher ist, können Sie die letzte Stufe hinunterspringen.

● **Daumenschrauben:** Ihr Kind darf sich an Ihren Daumen mit seiner ganzen Hand festhalten. Dann ziehen Sie es hoch, bis seine Füße den Boden nicht mehr berühren. Sobald Sie merken, dass der Griff nachlässt, lassen Sie es wieder herunter.

● **Rollen:** Sie legen sich auf den Boden und rollen seitwärts davon. Ihr Kind soll es nachmachen. Sie können sich nebeneinander legen und voneinander wegrollen, danach wieder zueinander hinrollen.

Im Sommer lässt sich dieses Spiel wunderbar auf einer leicht abschüssigen Wiese spielen (da müssen Sie nicht unbedingt mitmachen). Der Hang sollte aber nicht zu steil sein, sonst bekommt Ihr Kind zu viel Schwung.

● **Radfahren:** Ihr Kind liegt auf dem Rücken. Sie nehmen seine Füße und machen damit kreisende Bewegungen, wie beim Radfahren.

Wenn Sie das mehrmals mit Ihrem Kind gemacht haben, können Sie sich auch selbst auf den Boden legen, gegenüber von Ihrem Kind, und die Radfahrbewegungen mit Ihren Fußsohlen dirigieren.

● **Brücke:** Machen Sie für Ihr Kind eine Brücke, unter der es durchkriechen kann. Am besten mit Ihrem eigenen Körper, zwischen Knien und Armen.

Die Brücke können Sie dann in Höhe und Breite immer verändern, kleiner oder größer werden lassen. Das macht umso mehr Spaß.

● **Fliegen:** Dazu sind zwei Erwachsene nötig. Sie nehmen das Kind an den Unterarmen (an den Händen ist zu unsicher) zwischen sich, laufen los, und sobald das Kind die Geschwindigkeit nicht mehr mithält, heben Sie es hoch und lassen es zwischen sich „fliegen". Wichtig ist, dass Sie nie mit einem Ruck hochreißen, sonst könnten Sie seine Schultergelenke verletzen.

Eine andere Variante des Fliegerspiels: Beide Eltern nehmen das Kind hoch. Einer an den Armen, der andere an den Beinen. Dann lassen Sie Ihr Kind hin und her, auf und ab fliegen.

● **Storch:** Sie stehen auf einem Bein und fordern Ihr Kind auf, das Gleiche zu tun. Dann wechseln Sie und stehen auf dem anderen Bein.

Dabei können Sie die Geschichte des Storchs erzählen, wie er, immer lange auf einem Bein stehend, langsam über die Wiese stapft, um Frösche zu suchen.

Ballspiele

● **Rollen:** Lassen Sie Ihr Kind am Boden sitzen und rollen Sie ihm aus kurzer Entfernung einen Ball zu, den es auffangen und zurückrollen soll.

● **Verstecken:** Verstecken Sie den Ball unter einem Kissen. Das Kind soll danach suchen. Danach darf es selbst den Ball verstecken und Sie müssen suchen. Natürlich finden Sie ihn nicht sofort.

● **Schiefe Ebene:** Sie sitzen auf einem Stuhl mit ausgestreckten Beinen. Über diese schiefe Ebene kann Ihr

Das Ball-Rollen-Spiel kann Ihr Kind einmal mit gestreckten Beinen machen, dann mit gegrätschten Beinen und anschließend aus dem Schneidersitz und aus der Hocke.

Kind den Ball rollen lassen. Wenn es sich geschickt bei Ihren Füßen aufstellt, kann es ihn sogar fangen. Sonst muss es ihm durch die Wohnung nachlaufen, um ihn wieder auf Ihrem Schoß zu platzieren.

● **Tunnel:** Sie stellen sich mit gegrätschten Beinen auf. Ihr Kind steht hinter Ihnen. Lassen Sie den Ball zwischen Ihren Beinen hindurch nach hinten rollen. Dann das Ganze umgekehrt: Das Kind lässt den Ball zwischen seinen Beinen zu Ihnen rollen. Sind mehrere Leute (oder noch größere Kinder) da, kann der Ball durch einen langen Tunnel von hintereinander stehenden Leuten rollen.

● **Werfen:** Ein Papierkorb, ein großer Kochtopf oder eine aus Kissen gebaute Kuhle eignen sich als Wurfziele. Der Ball sollte möglichst aus weichem Material sein. Dann dürfen Werfübungen gemacht werden. Erst einfach von oben hineinfallen lassen. Dann immer weiter vom Ziel weggehen. Wie weit schafft es das Kind schon?

Spiele für die Hände

● **Malen:** Setzen Sie sich mit Ihrem Kind an den Tisch. Jeder sollte ein großes Stück Papier vor sich haben. Jetzt „malen" Sie mit einem Farbstift auf Ihr Papier Kreise und Striche. Das Kind darf auf sein Papier malen. Der Stift sollte am Anfang noch möglichst dick sein (zum Beispiel Wachsmalkreide), damit ihn das Kind gut in die Hand nehmen kann. Zu diesem Malspiel können Sie auch ein Lied singen oder Verse sagen und dann „malen" Sie beide im Rhythmus dazu.

Großen Spaß macht es Kindern auch, mit Fingerfarben zu malen. Dazu brauchen sie möglichst viel Papier und zwei, drei verschiedene Farbtöpfe, in die sie ihre Hände eintauchen können. Anfangs reicht auch eine einzige Farbe aus. Wichtig ist, dass das Kind viel Platz zum Malen hat. Das heißt großflächiges Papier (eventuell billige Tapetenrollen oder abgerolltes Packpapier), das auf dem Boden ausgelegt oder über den ganzen Tisch ausgebreitet wird. Denn das Kind malt noch mit dem ganzen Körper.

● **Kneten:** Mit nassem Sand, Knetmasse oder Kuchenteig lassen sich die schönsten Figuren zaubern. Ihr Kind sollte oft Gelegenheit haben, irgendetwas zu kneten. Das macht sehr viel Spaß und die Hände geschickter.

● **Perlenkette:** Aus bunten Holzkugeln, kleinen Glöckchen, größeren und kleineren Knöpfen mit unterschiedlichen Formen lässt sich eine wunderbare lange Kette basteln. Die kann Ihr Kind durch die Hände gleiten lassen, die einzelnen Bestandteile befühlen, Töne hervorrufen oder, wenn es schon größer ist, damit Formen legen. Wichtig ist, dass die Teile auf einem stabilen Faden aufgefädelt werden (zum Beispiel dünne Anglerschnur) und dass die Holzper-

Den oder die Finger in Farbe zu tauchen und dann zu malen, kommt dem Freiheitsdrang Ihres Kindes sehr entgegen.

len farbfest sind. Denn sicher wird die Kette auch ab und zu in den Mund wandern.

● **Tauschen:** Sie geben Ihrem Kind etwas in die Hand und nehmen selbst etwas anderes in die Hand. Dann tauschen Sie die Gegenstände mit Ihrem Kind. Benennen Sie sie aber jedes Mal dabei. Zum Beispiel: „Du gibst mir die Ente, ich gebe dir dafür das Auto." Das Spiel kann noch erheblich spannender werden, wenn Sie die Tastempfindung dazu sagen. Etwa so: „Ich habe einen Teddy in der Hand, der ist weich. Was hast du in der Hand? Ist es ein Baustein, der glatt ist? Wollen wir tauschen? Du gibst mir den glatten Baustein, ich gebe dir den weichen Teddy."
Nehmen Sie für das Spiel möglichst viel unterschiedliches Material. Nicht alles auf einmal, sondern für jedes Spiel etwas anderes. Dann lernt Ihr Kind Eigenschaften wie warm, kalt, rau, glatt, hart, weich.

● **Erfühlen:** Stecken Sie zwei Gegenstände, die Ihr Kind schon kennt (zum Beispiel einen Apfel und eine Banane, einen Löffel und einen Baustein, ein Auto und einen kleinen Ball), in einen Beutel oder eine Tüte. Lassen Sie das Kind hineingreifen (nicht hineinschauen) und einen von Ihnen gewünschten Gegenstand herausholen. Von Monat zu Monat können Sie mehr Dinge in den Beutel tun, aus dem Ihr Kind dann das richtige Teil „erfühlen" muss.
Beherrscht Ihr Kind das noch nicht so gut, können Sie auch mit einer einfacheren Variante beginnen. Sie legen mehrere Dinge in den Beutel. Ihr Kind darf immer ein Teil herausholen. Sie nehmen es und sagen, was es ist. Dann verschwindet es wieder im Sack.

● **Himpelchen und Pimpelchen, ein altbekanntes Daumenspiel:** Der Daumen der einen Hand ist Himpelchen, der der anderen Pimpelchen. Die Hände werden zur Faust geballt, und Himpelchen und Pimpelchen schauen aus dieser Faust heraus. Entweder werden die beiden Daumen einfach hochgestreckt oder, das ist die schwierigere Variante, sie lugen zwischen Zeige- und Mittelfinger hervor. Dazu der Vers, wobei die Bewegungen der beiden Figuren mit der Faust nachgeahmt werden:

Nicht unwichtig: Rituale zum Einschlafen

So viele neue Eindrücke und Ereignisse hat jeder Tag zu bieten, dass das Einschlafen am Abend nicht immer leicht fällt. In diesem Fall helfen Einschlafrituale ganz besonders, denn sie lassen Ihr Kind zur wohl verdienten Ruhe kommen. Nichts Neues und schon wieder Aufregendes kommt auf das Kind zu, sondern etwas Bekanntes, bei dem es in aller Ruhe einschlafen kann, auf das es nicht sonderlich achten muss. Helfer können sein: eine Spieluhr, eine kurze Geschichte, ein Schattenspiel an der Wand …

Auch eine Spieluhr mit einer hübschen Melodie kann beim Einschlafen helfen.

*Himpelchen und Pimpelchen
Stiegen auf einen Berg.
Himpelchen war ein Heinzelmann
Und Pimpelchen war ein Zwerg.
Sie blieben dort oben
lange sitzen und
Wackelten mit ihren Zipfelmützen.
Doch nach fünfundsiebzig Wochen
Sind sie in den Berg gekrochen.
Schlafen dort in guter Ruh.
Sei mal still und hör gut zu: Krrrrr!*

Dieses Spiel eignet sich besonders gut als Ritual zum Einschlafen.

Spiele zum Hören

● **Instrumente:** Jede Art von Lärm ist Musik in Kinderohren. Und fast aus allem lässt sich ein „Instrument" dafür bauen. Nehmen Sie beispielsweise leere Joghurtbecher und füllen Sie diese mit unterschiedlichen Materialien: Sand, Erbsen, Murmeln, Kieselsteinen, Knöpfen. Mit einer Folie und einem Gummi verschließen Sie die Becher (dasselbe geht natürlich auch mit leeren Marmelade- oder Senfgläsern, da sollten Sie allerdings dabei sein, falls etwas zu Bruch geht). Schon haben Sie wundervolle Rasseln.
Aus Pappyrollen lassen sich hervorragende Trompeten machen. Man muss nur am Ende „hineintröten".
An Hausschuhe oder Handschuhe können Sie Glöckchen nähen. Dann kommt die Musik mit dem Tanz.
Leere Konservendosen (über die scharfen Kanten kleben Sie am besten ein Stück Klebestreifen) eignen sich als Glockenspiel. Man kann sie aufeinanderstellen und mit einem anderen Gegenstand (zum Beispiel einem Baustein oder einem Kochlöffel) anschlagen. Sind die Dosen verschieden groß, entsteht eine richtige Melodie. Fällt der Turm um, gibt es nochmals ein wunderschön lautes Geräusch.

● **Erstes Musikinstrument:** Dies wird Ihrem Kind schon viel Spaß machen, zum Beispiel eine Mundharmonika, eine Triangel, Schellen und natürlich eine Trommel. Damit sollte es so viel Musik machen dürfen, wie es will. Schön ist es, wenn Sie selbst ein Instrument spielen und gemeinsam mit dem Kind „Musik" machen.

● **Rhythmik von Versen:** Das macht jedem Kind Freude. Verse eignen sich zum Trösten, zum Aufmuntern und dazu, sich einfach so mit Ihrem Kind zu beschäftigen. Lesen Sie ihm gereimte Bilderbücher vor und sprechen Sie ihm auch sonst, so oft es geht, Verse vor, denn das macht ihm viel Spaß.

*Muh, muh, muh,
So ruft im Stall die Kuh.
Sie gibt uns Milch und Butter.
Wir geben ihr das Futter.
Muh, muh, muh,
So ruft im Stall die Kuh.*

Heile, heile Segen,
Drei Tage Regen,
Drei Tage Schnee,
Und schon tut's nicht mehr weh.

● **Singen:** Singen Sie Ihrem Kind jeden Tag Lieder vor: beim Spielen, bei der Hausarbeit, auch durchaus beim Einkaufen – immer wenn Sie gerade Lust dazu haben. Singen, also Musik, sollte ganz selbstverständlich werden.

Schon bald wird es versuchen, mitzusingen und wahrscheinlich kann es am Ende des zweiten Lebensjahres schon ein paar Lieder auswendig.

Wie schon einmal gesagt: Es macht nichts, wenn Sie nicht besonders gut singen können.

Um die Ecke trabt 'ne Katze,
Aus dem Haus
Kommt eine Maus.
Hieb der Katze mit der Tatze
Nach dem Schmaus -
Aus ...
Denkste! Ausgerissen
Ist der Leckerbissen.
Die Moral von dem Gedicht:
Mäuse mögen Katzen nicht.
                    (Werner A. Fischer)

Viktoria, Viktoria!
Der kleine weiße Zahn ist da.
Du, Mutter komm,
Und groß und klein
Im Hause, kommt und guckt hinein
Und seht den hellen weißen Schein.
                    (Matthias Claudius)

Vier Beine und zwei Ohren,
Zwei Augen kugelrund
Und eine spitze Schnauze
Die hat mein kleiner Hund.
Er hat auch scharfe Zähne
Schau ihn nur richtig an:
Ganz hinten sitzt das Schwänzchen,
Damit er wedeln kann.

Auch die Texte müssen Sie nicht unbedingt vollständig beherrschen. Worauf es ankommt, sind die unterschiedlichen akustischen Reize, die Ihr Kind dabei aufnimmt, und das Gefühl für Rhythmus, das es dabei entwickelt.

Außerdem lässt es sich beim Singen wunderbar mitklatschen, trommeln und natürlich auch tanzen. Singen ist eine Stimulanz für den ganzen Körper und es regt gleichzeitig den Geist an.

Haben Sie zu große Hemmungen, allein zu singen, können Sie auch eine Kassette oder CD mit Kinderliedern kaufen und dann gemeinsam mit Ihrem Kind „mitsingen".

Hier noch einige Liedvorschläge:

*Alle meine Entchen
Schwimmen auf dem See,
Schwimmen auf dem See.
Köpfchen unter Wasser,
Schwänzchen in die Höh.*

*Summ, summ, summ,
Bienchen summ herum.
Ei, wir tun dir nichts zu Leide,
Flieg nur aus, in Wald und Heide.
Summ, summ, summ,
Bienchen flieg herum.*

*Kuckuck, Kuckuck,
Ruft's aus dem Wald.
Lasset uns singen,
Tanzen und springen,
Frühling, Frühling,
Wird es nun bald.*

*Laterne, Laterne,
Sonne, Mond und Sterne,
Brenne auf mein Licht,
Brenne auf mein Licht,
Aber nur meine liebe Laterne nicht.*

*Spannenlanger Hansel,
nudeldicke Dirn,
Gehn wir in den Garten,
Schütteln wir die Birn.
Schüttel ich die großen,
Schüttelst du die klein',
Wenn das Säckchen voll ist,
Gehn wir wieder heim.*

*Lauf doch nicht so schnelle,
spannenlanger Hans,
Ich verlier die Birnen
Und die Schuh noch ganz!
Trägst ja nur die kleinen,
Nudeldicke Dirn,
Und ich schlepp den schweren
Sack mit den großen Birn'.*

*A, B, C, die Katze lief im Schnee.
Und als sie dann nach Hause kam,
Da hatt' sie weiße Stiefel an,
O jemine, o jemine,
Die Katze lief im Schnee.*

Spiele zum Schauen

● **Suchspiele sind jetzt ein großer Renner:** Sie legen unbeobachtet ein Spielzeug mitten in den Raum und fragen: „Wo ist der Ball (das Auto, der Teddy, die Puppe)?" Das Spiel steigert seinen Schwierigkeitsgrad, wenn Sie den Gegenstand beim nächsten Mal auf den Tisch, unter den Stuhl, aufs Sofa und so weiter legen.

Verstecken Sie Spielzeug, das neu ist oder mit dem Ihr Kind schon lange nicht mehr gespielt hat, das es aber gerne mag. Als Belohnung fürs Finden darf es das Spielzeug behalten. Wenn das Versteck nicht offensichtlich ist (offensichtlich allerdings nur für Erwachsene; für ein ein- oder eineinhalbjähriges Kind ist es eine sehr schwierige Aufgabe, ein solches Spielzeug zu finden), sollte Ihr Kind zu Beginn des zweiten Lebensjahres noch zusehen dürfen, wo Sie die Dinge hinlegen. Sonst hat es keine Chance sie wiederzufinden. Erst gegen Ende des zweiten Lebensjahres wird es ein Spielzeug vielleicht auch dann finden, wenn es an dieser Stelle schon öfter etwas gefunden hat, zum Beispiel unter seinem Kissen im Bett. Kann Ihr Kind schon etwas besser sprechen, können Sie dieses Versteckspiel machen: Sie nehmen ein paar Dinge, die es bereits benennen kann, und legen sie hinter sich (oder hinter einen Schirm, ein Schränkchen). Dann nehmen Sie immer ein Stück hoch und zeigen es mit der Frage: „Was ist das?" Für die richtige Bezeichnung wird es kräftig gelobt.

Die schwierigere Variante: Sie halten den Gegenstand kurz hoch, lassen ihn wieder verschwinden und fragen dann, was Ihr Kind gesehen hat. Je besser das Spiel klappt, desto kürzer sind die Zeiten des Hochhaltens.

Sie verstecken sich selbst hinter einem Vorhang, Schrank oder Tisch. Das Kind soll Sie suchen. Machen Sie Geräusche, damit es Sie leichter findet.

Ihr Kind darf sich verstecken. Sie suchen es, finden es aber nicht. Dann rufen Sie: „Zeig deinen Arm (dein Bein, Fuß, Kopf, Hand)." Jetzt soll das Kind den jeweils angesprochenen Körperteil aus seinem Versteck herausstrecken. Das dauert sicher eine Weile, bis es klappt.

● **Figuren:** Aus Spielsachen lassen sich auch geometrische Figuren legen: Kreis, Dreieck, Viereck, Quadrat. Machen Sie es Ihrem Kind vor und lassen Sie es nachmachen. Das regt die Abstraktionsfähigkeit (die fürs Denken und Sprechen wichtig ist) an.

● **Was siehst du?:** Lassen Sie Ihr Kind aus dem (geschlossenen) Fenster schauen und machen Sie es auf alles aufmerksam, was zu sehen ist – Bäume, Blumen, ein anderes Haus mit Fenstern, eine Tür, Autos, Menschen (Frauen, Kinder, Männer). Dann fragen Sie: „Was siehst du?"

Abgewandeltes Memory-Spiel als Training

Wie sie es machen, bleibt vielen Erwachsenen ein Rätsel – Kinder sind nach einer Weile scheinbar unschlagbar im Memory-Spiel.

Erste Vorstufen dieses Spiels kann man schon recht früh mit dem Kind auf die vielfältigste Weise machen und schult auf diese Art nachhaltig sein Gedächtnis. Achten Sie dabei auf die Konzentrationsbereitschaft Ihres Kindes: Hat es keine Lust mehr, hören Sie sofort auf.

Spaß bereitet es einem Kind auch, einen zuvor in einem Bilderbuch gesehenen Gegenstand später in dem Buch zu suchen – zumal dann, wenn der Erfolg vielleicht durch eine Belohnung gekrönt wird. Ebenso können verschiedenfarbige Gummibärchen auf einen Tisch gelegt werden. Nachdem sich das Kind deren Position gemerkt hat, werden ihm die Augen verbunden. Greift es gemäß Ihrer Aufforderung zu dem entsprechend farbigen Gummibärchen, darf es dieses auch essen.

● **Memory:** Legen Sie vor Ihrem Kind mehrere verschiedene Gegenstände auf den Tisch (oder auf den Boden). Von jedem sollten zwei gleiche Teile da sein, zum Beispiel zwei blaue Bauklötzchen, zwei Kaffeelöffel, zwei gleichfarbige Wäscheklammern. Dann bringen Sie die Dinge schön durcheinander und nehmen immer eines hoch. Das Kind soll das andere in dem Durcheinander finden und ebenfalls hochheben. Je schneller, desto besser.

● **Farbspiel:** Sagen Sie Ihrem Kind, etwa beim Aufräumen, immer die Farbe vor, die ein Spielzeug hat. Am besten geeignet sind für dieses Spiele anfangs einfarbige Dinge in den Farben Gelb, Rot, Blau, Grün, Schwarz und Weiß. Schon nach einiger Zeit wird Ihr Kind die Farben von selbst erkennen. Dann können Sie immer mal wieder fragen: „Welche Farbe hat das Ding?", und Ihr Kind wird voll Stolz die richtige nennen.

● **Bilderbücher:** Sie sind im zweiten Lebensjahr der ganz große Hit. Am besten sind sie aus sehr fester Pappe, Plastik, Stoff oder Holz. Schauen Sie sie gemeinsam mit Ihrem Kind an und erklären Sie alle Details auf dem Bild. Natürlich darf Ihr Kind auch alleine darin „schmökern", so oft und so lange es will. Die ersten Bücher sollten nur einfache, einzelne Bilder auf jeder Seite haben. Erst in der zweiten Hälfte des zweiten Lebensjahres sind auch kompliziertere Bücher geeignet, in denen mehrere Dinge und kleine Szenen auf einer Seite zu sehen sind.

Zum beliebten Spiel kann auch das werden: Sie schauen gemeinsam ein Buch an und suchen dann, ob Sie die abgebildeten Dinge auch haben. Einen Apfel etwa, einen Ball, ein Auto. Die legen Sie auf den Tisch, so dass das Kind den Unterschied zwischen einem abgebildeten Gegenstand und dem Gegenstand selbst kennen lernt.

Sechstes Kapitel

Das dritte Lebensjahr

Das dritte Lebensjahr

Ihr Kind wird jetzt immer selbstständiger. Es will möglichst viel alleine tun, zum Beispiel sich alleine an- und ausziehen. Es kann alleine essen, übt schon recht geschickt den Umgang mit Messer, Gabel und Löffel. Auch eine Schere möchte es schon benutzen (unter Aufsicht, mit einer passenden Kinderschere darf es das auch). Haare kämmen, Hände waschen und abtrocknen oder Spielsachen richtig aufräumen, ist ebenfalls kein Problem mehr. Außerdem beginnt es langsam sauber zu werden (zur großen Erleichterung der Mutter und des Vaters), spricht immer mehr und deutlicher. Es verfeinert seine bisher gewonnenen Fähigkeiten und erwirbt sich einige neue hinzu. Allerdings geht dieser Zuwachs nicht mehr so rasant wie in den beiden vorhergehenden Jahren.

Spätestens nach dem zweiten Geburtstag sollten aus dem Kinderzimmer alle Möbel herauskommen, die nur für Erwachsene praktisch sind. Sie sollten ersetzt werden mit Stücken, die Ihrem Kind gefallen (vielleicht darf es ja schon bei der Farbgestaltung mitbestimmen?) und mit denen es gut umgehen kann. Denn je differenzierter und anregender die nächste Umgebung des Kindes ist, desto besser kann es sich entwickeln. Dazu gehört auch, dass es sich überall in der Wohnung frei bewegen darf und spielen kann. Das setzt voraus, dass die Wohnung kindersicher und kinderfreundlich ist: also möglichst nichts in erreichbarer Nähe, was dem Kind verboten werden müsste.

Kinder haben in diesem Alter zunehmend Bedürfnisse nach Geselligkeit. Sie wollen mit anderen Kindern spielen, aber auch Umgang mit verschiedenen Erwachsenen haben. Aus diesen unterschiedlichen Kontakten bekommen sie wiederum viele wertvolle Anregungen, die ihre Entwicklung fördern.

So verändert sich der Körper

Das Kind verliert langsam sein Babygesicht. Das hängt mit dem Wachstum des Kopfes zusammen. Der Umfang nimmt höchstens noch um einen Zentimeter zu, die Fontanellen sind schon zu Beginn des dritten Lebensjahres geschlossen. Arme und Beine wachsen jetzt schneller, Schultern und Becken werden breiter, die gesamten Proportionen verändern sich. Dadurch sinkt der Schwerpunkt des Körpers nach unten, was zur Folge hat, dass das Kind immer besser sein Gleichgewicht halten kann.

Herz und Lunge wachsen, was die Leistungsfähigkeit des Körpers erhöht. Die Organfunktionen werden insgesamt stabiler, das Kind ist nicht mehr so empfindlich.

Die geistige Entwicklung

Das Zentralnervensystem entwickelt sich rasch weiter. Das Gehirn wird schwerer und seine Struktur komplizierter. Immer mehr Verbindungen entstehen zwischen den Nervenzellen.

Deshalb können Informationen und Eindrücke vom Kind in diesem Jahr schon wesentlich besser geordnet aufgenommen und bewusst wieder abgerufen werden. Das heißt, das Gedächtnis funktioniert schon auffallend gut.

Auch die Wahrnehmungsfähigkeit verbessert sich erheblich. Musste das Kind bisher einen Gegenstand, den es sieht, auch mit den Händen „betrachten", lernt es nun, die Dinge „auf einen Blick" zu erkennen. Die optische Wahrnehmung wird jetzt dominant (wie bei Erwachsenen) und überflügelt die Tastempfindungen an Wichtigkeit. Anfangs klappt das vor allem bei bekannten und vertrauten Dingen. Dem Kind Unbekanntes muss immer noch

Im Gedächtnis herrscht komplexe Ordnung

Eine weitere Differenzierung der Wahrnehmungsfähigkeit ist daran zu erkennen, dass Kinder sich Gegenstände nach mehreren Merkmalen (zum Beispiel nach Farbe und Form) merken können. Das heißt, Kinder in diesem Alter erkennen die Dinge auch dann, wenn sie diese beispielsweise aus einer anderen Perspektive sehen oder wenn die Dinge verschiedene Farben haben.

zusätzlich betastet, beschnuppert und geschmeckt werden.

Eine weitere Differenzierung der Wahrnehmungsfähigkeit setzt ein: Ein Auto, einen Hund, ein Pferd, einen Tisch, einen Stuhl und alles, mit dem ein Kind bisher schon Erfahrungen gemacht hat, erkennt es jetzt auf Anhieb und verwechselt es nicht mehr mit anderen Dingen, die ein bestimmtes Merkmal mit ihnen gemeinsam haben.

Von einzelnen Worten hin zu Sätzen

Die Sprache wird bis zum Ende des dritten Lebensjahres fast perfekt. Das Kind lernt viele neue Wörter hinzu und hat großen Spaß daran, sich mit anderen Kindern oder Erwachsenen zu „unterhalten".

Am Ende des dritten Lebensjahres spricht es in komplexen Sätzen, die mitunter sogar schon verschachtelt sein können. Einzelne grammatikalische Fehler kommen aber immer noch vor.

Es macht Ihrem Kind in dieser Altersphase Spaß, Lieder und Verse zu lernen, anschließend selbst zu singen oder die gelernten Verse immer wieder aufzusagen.

Außerdem kann Ihr Kind jetzt bereits über seine gemachten Erlebnisse berichten oder auch etwas weitererzählen, wenn ihm zuvor etwas berichtet wurde.

Im so genannten „magischen Alter" herrscht der kleine Frageteufel. Alles Kleine und Große im Umfeld Ihres Kindes wird hinterfragt – oft Fragen, die sich Erwachsene so noch nie gestellt haben und daher zum Teil auch keine Antwort wissen. Auf diese Weise hat man aber die Chance, die Welt selbst noch einmal neu zu entdecken.

Das „magische Alter": Ein eigenes kindliches Weltbild

Gleichzeitig mit der Vervollkommnung der Sprache wächst auch die Denkfähigkeit des Kindes. Es stellt Zusammenhänge her, unterscheidet Dinge, merkt sich Eigenschaften, verallgemeinert seine Erlebnisse und Erfahrungen und stellt sich auf diese Weise ein eigenes kleines Weltbild zusammen.

Das hat oft mit der Realität der Erwachsenen wenig zu tun, weshalb diese Phase von manchen Fachleuten auch das „magische Alter" genannt wird. Doch Magie ist da keineswegs im Spiel. Wenn ein Kind beispielsweise annimmt, dass es dem Stuhl weh tut, wenn es nach ihm schlägt, ist das ein Ergebnis seiner subjektiven Erfahrungen.

Doch der Erfahrungsschatz ist noch sehr begrenzt, weshalb die Verbindungen und Zusammenhänge, die es daraus ableitet, eben häufig nur für das Kind selbst „logisch" sind. Abstrakte Begriffe, wie Zeit, Angst, Krankheit oder Gerechtigkeit, versteht es noch nicht. Aber es ist sehr wissbegierig und will ständig Neues dazulernen.

Es wartet nicht mehr, bis es Anregungen oder Erklärungen bekommt, sondern fragt selbst. Warum? Wo? Wie? Was? Schön, wenn Sie ihm jedes Mal eine Antwort geben können (wenngleich diese Fragerei mitten im Alltagsleben schon recht anstrengend werden kann).

Die motorische Entwicklung

Der aufrechte Gang ist für Ihr Kind längst keine besondere Anstrengung mehr. Sein Interesse gilt deshalb der Vervollkommnung seiner Fähigkeiten. Es balanciert, hüpft, steht auf einem Bein, rennt schnell um scharfe Kurven, springt von Mauern, Stühlen, Treppen herunter, klettert überall hoch, wo es nur geht.

Dreirad fahren wird zu einer Lieblingsbeschäftigung und wenn es etwas vom Boden aufheben möchte, setzt es sich dazu nicht mehr hin, sondern bückt sich. Die Feinmotorik ist so weit ausgebildet, dass das Kind bis zum Ende des Jahres gut kleine Perlen auffädeln, ein (kleines) Tablett mit Geschirr sicher von einem Raum in den anderen tragen, Geschirr abtrocknen, ohne viel fallen zu lassen, Knöpfe auf- und zumachen, komplizierte Figuren in Schablonen einpassen oder durch entsprechende Öffnungen stecken oder gezielt einen Ball werfen kann, der im Abstand von rund eineinhalb Metern auch trifft. Das Kind ist also schon recht geschickt – Mädchen und Jungen übrigens gleich.

Eine faszinierende Entdeckung des Kindes auf dem Weg in die Erwachsenenwelt ist sein eigener Wille. Es kann sich entscheiden etwas zu tun oder nicht zu tun.

Die soziale Entwicklung

Zum ersten Mal begreift Ihr Kind, was „ich" und was „nicht ich" heißt. Es nimmt sich als eigenständige Persönlichkeit wahr, losgelöst von allen anderen Personen. „Ich mach das allein" oder „Ich möchte das auch" sind wahrscheinlich die häufigsten Aussprüche im dritten Lebensjahr. Das zeigt den Drang Ihres Kindes, ohne fremde Hilfe etwas zu tun. Unterstützen Sie es darin, denn alle seine persönlichen „Taten" helfen, sein Selbstbewusstsein aufzubauen. Unterstützen Sie es, so gut Sie können, in seinen Bemühungen nach Unabhängigkeit.

Ihr Kind entdeckt seinen eigenen Willen. Es kann sich entscheiden etwas zu tun oder nicht zu tun. Und es kann weitgehend entscheiden, wie es etwas tun will. Doch gerade jetzt gerät dieser Wille häufig in Konflikt mit den Wünschen anderer. Das führt zu inneren Spannungen und zu Unsicherheit: Einerseits kann es schon so viel, andererseits geht oft nicht, was es machen möchte.

Zusätzlich kommen noch manche Einschränkungen der Erwachsenen, die es partout nicht einsieht und von seiner geistigen Entwicklung her auch nicht einsehen kann. Das führt dann zwangsläufig zu Gefühlsausbrüchen, bringt das Kind in Rage und macht es trotzig.

Die launische Seite: Die schwierige Phase des Trotzalters

Deshalb heißt dieses Alter auch „Trotzalter" und gilt als schwierige Phase bei Kindern. Das Verhalten eines Kindes ist oft widersprüchlich und „launisch". Gerade war das Kind noch nett und fröhlich, doch schon im nächsten Augenblick kann es aus scheinbar nichtigem Anlass überaus zornig werden. Mal hilft es der Mutter begeistert im Haushalt, dann wieder will es nichts davon wissen. Es hört in scheinbar keinster Weise auf Wünsche der Eltern, stellt sich taub, wenn es etwas nicht tun soll, kommt nicht, wenn es gerufen wird.

Ebenso zwiespältig verhält es sich im Umgang mit anderen Kindern. Eben noch beispielsweise mit dem Bruder einträchtig gespielt, nimmt es plötzlich scheinbar grundlos dem anderen die Spielsachen weg und will nichts mehr von ihm wissen.

Die Trotzphase ist sehr wichtig, denn das Kind entwickelt sein Selbstwertgefühl. Es ist der endgültige Schritt vom Baby zum Kleinkind.

Eltern sollten sich jetzt nicht verunsichern lassen. Weder von anderen Leuten, die mit Bemerkungen, wie „Ihr müsst einfach härter durchgreifen, sonst tanzt euch das Kind später mal auf der Nase herum", sowieso alles besser wissen, noch von den eigenen Ängsten, ob sie wohl bisher in der Erziehung etwas falsch gemacht hätten. Die „Launenhaftigkeit" ist der Ausdruck der inneren Konflikte des Kindes, die es aufgrund seiner Entwicklung aushalten muss. Es ist also völlig normal, wenn sich jetzt Phasen von liebevoller Zärtlichkeit, Aufmerksamkeit, Interesse mit solchen wilden Geschreis, Tobsuchtsanfällen und wütenden Herumschmeißens von Spielzeug abwechseln.

Selbstständigkeit fördern und Grenzen setzen

Deshalb sollten Sie auch möglichst wenig mit Ärger oder Ablehnung auf die Ausbrüche Ihres Kindes reagieren. Unterstützen Sie es vielmehr in seinen Bestrebungen, selbstständig zu werden, überprüfen Sie Grenzen, die Sie zwangsläufig setzen müssen, besonders genau darauf, ob sie wirklich notwendig sind, loben Sie es für jeden Fortschritt und trösten Sie es, wenn einmal etwas nicht klappt.

Wer diese „Autonomiephase" (das ist ein besserer Ausdruck dafür als „Trotz") als positiv und wichtig anerkennt, dem wird es auch leichter fallen, damit fertig zu werden. Ein Trost: Das dauert nicht ewig.

Die besten Förderspiele

Ihr Kind unterscheidet jetzt schon sehr gut zwischen „Ernst" und „Spiel". Bei den kleinen Aufgaben, die es im Familienleben bekommt, wie etwa aufräumen, einen Teller mit Suppe auf den Tisch stellen, Geschirr abtrocknen oder etwas aufkehren, lernt es bestimmte Regeln einzuüben und zu beherrschen. Beispielsweise, dass der Teller Suppe sehr vorsichtig getragen werden muss, dass Geschirr, das abgetrocknet wird, vorsichtig hingestellt werden muss und so weiter.

Im Spiel dagegen ist alles möglich. Da kann es auch wild zugehen, da sind der Fantasie keine Grenzen gesetzt. Aus dem Stuhl wird ein Klettergerüst, eine Lokomotive oder ein Haus.

Im Spiel übernehmen Gegenstände und Personen Rollen, die sie in der Realität nicht haben dürfen oder nie haben werden. Beides ist für die Entwicklung wichtig: das Erlernen von Regeln im täglichen Leben und die Fantasie, die es ermöglicht, die Dinge auch einmal von der anderen Seite zu betrachten, Neues zu erfinden. Das vermittelt neue Einsichten in die Umwelt und stabilisiert auch die Einstellung und Position des Kindes in und zu dieser Umwelt.

Beim Spiel wird jetzt eine völlig neue Variante beliebt, die in den nächsten Jahren noch erheblich an Bedeutung gewinnen wird: das Rollenspiel. Es gibt dem Kind die Möglichkeit, fremde Verhaltensweisen zu durchschauen, eigene zu üben, Zusammenhänge zu erleben, Frustrationen und Aggressionen abzureagieren, sich selbst in der Welt zurechtzufinden.

Im sinnvollen Tun (Aufgaben im Haushalt) und im Spiel (beides sollte sich gleichzeitig entwickeln können) werden auch alle übrigen Fähigkeiten weiter gefördert.

Rollenspiele

● **Zoo:** Falls Ihr Kind im Zoo etwas erlebt hat, worüber es erschrocken ist, lassen sich diese Schrecknisse am besten im Spiel überwinden. Entweder Sie und Ihr Kind sind selbst Tiere, wie Löwen, Elefanten, Kängeruhs. Und sie „kämpfen" miteinander, brüllen ganz fürchterlich, strecken den Rüssel nach dem anderen aus oder machen einen großen Sprung darauf zu. Oder Bauklötze, Plüschtiere oder Puppen stellen diese Tiere dar, mit denen das Kind die Zoo-Situation nachstellt. Ihr Kind kann auch ein Wärter oder Tierpfleger sein, der den Tieren Futter bringt, sie schimpft, wenn sie

---

Heilsames Hineinschlüpfen in Rollen

Geschehnisse, die Ihr Kind erschreckt haben, gilt es zu verarbeiten. Das kann am besten im Rollenspiel geschehen. Indem eine zuvor als bedrohlich empfundene Situation Eingang ins Spiel findet, wird dieser die Macht genommen. Das Kind kann im Spiel auf seine Weise reagieren und sich eigene Lösungsmöglichkeiten erarbeiten.

Darüber hinaus erfahren Eltern durch das Spiel, welche Dinge und Ereignisse Ihr Kind bewegen.

ein kleines Kind erschreckt haben, sie lobt, weil sie friedlich miteinander gespielt haben.

● **Arzt:** Ihr Kind darf Sie (oder seine Puppe, seinen Teddy) untersuchen, abhören, eine Spritze geben. Es wird von sich aus als Arzt all die Dinge tun, die es schon von Arztbesuchen her kennt. Vielleicht wird es besonders unwirsch und wild mit seinen Patienten umgehen. Dann verarbeitet es wahrscheinlich im Spiel seine Ängste vor dem Arzt.

● **Essen im Restaurant:** Ihr Kind kann Gast sein (erwachsen oder als Kind). Dann sucht es sich einen Platz aus, setzt sich, nimmt die Speisekarte, sucht etwas zum Essen aus, wartet, bis es kommt, und verspeist es – Bezahlen nicht vergessen. Es kann aber auch die Kellnerin darstellen, die eine Menge zu tun hat. Sie muss freundlich die Gäste nach ihren Wünschen fragen, in die Küche gehen und beim Koch das Gewünschte bestellen, dann servieren, den Gästen einen guten Appetit wünschen, fragen, ob es geschmeckt hat, und am Ende kassieren.

● **Straßenbahnfahrer:** Ein Straßenbahnfahrer hat viel mehr zu tun, als nur sein Gefährt vorwärts zu bringen. Er muss die Haltestellen durchsagen, Fahrkarten verkaufen, in einem Buch nachschauen, wann ein bestimmter Fahrgast umsteigen muss, Auskunft geben, wenn Fremde nicht Bescheid wissen. Als Straßenbahn eignen sich einige hintereinander aufgestellte Stühle. Das Kind sitzt natürlich als Fahrer ganz vorne. Vielleicht dürfen Sie in einem der hinteren Waggons Platz nehmen.

● **Einkaufen:** Das Kind ist der Kaufmann und Sie sind der Käufer. Sie brauchen dazu natürlich einige Utensilien. Diese müssen aber nicht unbedingt „echt" sein. Ihr fantasievolles Kind kann die Gegenstände nach Bedarf jederzeit umfunktionieren. So kann ein Sandeimer zur Einkaufstasche werden, ein Häufchen Steine oder Bauklötze zu Milch, Zucker oder Marmelade, Papierschnipsel zu Geld.
Ihr Geld ist bei diesem Spiel der Hauptakteur, Sie sind der Mitspieler und halten sich an die Anweisungen des Kindes. Neue Anregungen können Sie ihm am besten durch geschickte Fragen geben: Was macht der Kaufmann sonst noch? Wo holt er seine Sachen her? Was hat er alles in seinem Laden?

● **Pilot:** Ein umgedrehter Stuhl kann das Flugzeug sein. Eine Mütze macht das Kind als Pilot kenntlich. Sie sind der Passagier und möchten in ein fernes Land fliegen. Piloten können viel sehen, wenn sie über das Land fliegen: Häuser, Bäume, einen Bach, eine Wiese, ein Feld (Was wächst darauf), Menschen (Was tun sie gerade?).

● **Mutter und Kind:** Bei diesem Spiel lassen sich trefflich die Rollen

Beim Rollenspiel erfährt man, wie die Welt der Erwachsenen auf das Kind wirkt.

tauschen. Wenn Sie einmal das Kind sind, können Sie genauso „frech" werden, zornig herumtrampeln, aber auch lieb und schmusig mit der „Mutter" umgehen, wie es Ihr Kind mit Ihnen macht. So hat Ihr Kind seine liebe Not mit Ihnen, aber auch seine Freude. Es lernt dabei seine eigenen und Ihre Verhaltensweisen besser begreifen. Lassen Sie Ihr Kind dieses Spiel aber auch mit seiner Puppe oder seinem Teddy spielen und beobachten Sie es dabei. Sie lernen dabei, wie Sie auf Ihr Kind wirken.

Gestaltungsspiele

Bisher hat Ihr Kind unterschiedlichste Materialien hauptsächlich erforscht, festgestellt, wie sie sich anfühlen, ob sie weich, hart, rau, flüssig, eckig, glatt oder fest sind. Im dritten Lebensjahr lernt es nun, aus dem Material etwas herzustellen, zu gestalten. Zu Anfang wird es etwa einem gekneteten Ton- oder Plastilinklumpen den Namen eines Gegenstandes geben, an den es dieses Gebilde erinnert. Später kann es schon während seines Schöpfungsprozesses sagen, was das einmal werden soll und gegen Ende des dritten Lebensjahres nimmt es sich vor, etwas Bestimmtes zu malen oder zu gestalten. Dass die Ergebnisse dieser Kunst nur wenig mit den Vorstellungen von Erwachsenen zu tun haben, ist klar. Deshalb ist es auch wichtig, dass Sie als Eltern die Werke Ihres Kindes mit seinen Augen betrachten. Sagen Sie bitte nie: „Das ist doch keine Katze, eine Katze sieht doch ganz anders aus" oder ähnlich kritische Bemerkungen. Damit würden Sie die kreativen Anlagen Ihres Kindes im Keim ersticken und ihm die Freude am Gestalten nehmen. Unterhalten Sie sich hingegen mit Ihrem Kind über das, was es macht oder gemacht hat. Erzählen Sie ihm von dem (realistischen) Gegenstand, den es geschaffen hat.

Zeigen Sie Interesse und freuen Sie sich, wenn Ihr Kind Spaß daran hat, etwas zu malen oder zu formen.

Wichtig ist, dass Sie ihm jetzt möglichst viel Material und Platz zur Verfügung stellen, um kreativ sein zu können. Es sollte Buntstifte, Wachsmalstifte, Kreiden, Pinsel, Wasser- und Fingerfarben haben. Außerdem ausreichend großflächiges Papier (Packpapier, Tapetenrollen, Zeitungspapier, alte Plakate, Karton).

Plastilin oder Ton (im Sommer ist auch nasser Sand geeignet) braucht Ihr Kind zum Modellieren; Perlen, Bausteine, bunte Plättchen, alte Spielkarten, Stoff, Steine, Schaumgummi oder Styropor sollten ebenfalls im „Kunstregal" nicht fehlen.

Kinder sollten unbedingt frei malen und gestalten dürfen. Das bedeutet aber keineswegs, dass Ihr Kind nicht Anregungen und Hilfestellungen von Ihnen bräuchte. Allerdings wirklich nur als Angebote und niemals als Pflichtaufgabe.

Damit die Kleidung durch Farben oder Materialien nicht verdorben wird, können Sie aus einem alten Müllsack einen wunderbaren Malerkittel machen: Sie schneiden am un-

Will Ihr Kind Ihren Kreativ-Angeboten folgen, ist es gut. Macht es lieber etwas anderes, ist es ebenso gut.

Ein flüssiger Farbklecks auf einem Stück Papier breitet sich zu interessanten Mustern aus, wenn man das Blatt hochhebt und die Farbe in verschiedene Richtungen laufen lässt.

teren Ende und auf den Seiten jeweils Löcher für Kopf und Arme hinein und stülpen dann den Kittel dem Kind über.

Und mit diesen Tipps können Sie Ihrem Kind Anregungen geben:

● Mit weißem Wachsmalstift ein weißes Papier bemalen. Dann mit Fingerfarben oder Wasserfarben und Pinsel darübermalen. Das ergibt hübsche, bunte Muster, weil sich die Farbe auf dem Wachsstift „erhebt".

● Die Kinderhand lässt sich sehr schön auf Papier oder Karton abbilden, wenn sie vorher in Fingerfarben getaucht und dann aufs Papier gedrückt wird. Größere Kinder können dann schon versuchen, die Hand mit einer Schere auszuschneiden.

● Die Finger können auch als „Stempel" verwendet werden. Man taucht sie in Fingerfarben ein und „stempelt" dann ein lustiges Bild aufs Papier.

● Mit hellen Kreiden lässt sich wunderbar auf dunkles Papier malen und mit dunklen Kreiden auf helles. Ein feuchter Schwamm sollte bereitliegen, damit das Kind die Kreidespuren wieder gut von den Fingern entfernen kann, ehe es eine neue Farbe nimmt.

● Mit Kreide lassen sich auch gut auf oberflächenstrukturiertem Papier Muster erzeugen oder auf Holzplatten malen.

● Ein Bild lässt sich auch herstellen, indem man Sand, kleine Steine, bunte Schnipsel und Wollfäden auf einen Karton oder ein festes Stück Papier klebt.

● Aus Plastilin oder Ton lassen sich natürlich die unterschiedlichsten Gegenstände formen. Doch es können auch Bilder entstehen: einen Teil flach auswalzen und dann bunte Steine, Perlen, Muscheln, Sand, Korken oder Sonstiges hineindrücken. Dasselbe geht auch mit nassem Sand oder auch mit Gips. Wird das Grundmaterial nach dem Trocknen hart, kann ein solches Bild sogar aufgehängt werden.

● Hände und Füße lassen sich auch in Ton modellieren: einfach die Hand in den Ton hineindrücken oder mit dem Fuß hineinsteigen. Nach dem Trocknen kann das Ganze noch bemalt werden.

● Gestalten lässt sich auch mit zuvor gesammelten Blättern, Blumen und Zweigen. Man kann sie aufkleben oder bemalen und hübsche Bilder damit fertigen.

Erkundungsspiele

Der Forscherdrang Ihres zwei- bis dreijährigen Kindes ist hoch entwickelt. Denken Sie daran, wenn Sie ihm Spielzeug schenken. Es will genau wissen, warum und wie es funktioniert, und zerlegt es.

Am besten sind deshalb Spielsachen, die zum Zerlegen und wieder Zusammenbauen (das ist ebenso wichtig) geeignet sind, zum Beispiel Steckbausysteme, ein Holzbaukasten mit Schrauben und Muttern, einfache Autos oder Züge, an denen Teile zum Abmontieren (etwa ein Anhänger oder eine Ladefläche) sind. Interessante Forschungsstücke stellen auch alte Haushaltsgeräte dar.

Überlassen Sie (ungefährliche) Dinge Ihrem Kind zum Zerlegen, wenn Sie diese nicht mehr brauchen.
Lassen Sie sich aber auch „helfen", wenn Sie etwa einen Kuchen backen und die Rührstäbe in die Maschine (ohne Stromzufuhr) stecken müssen oder vom Schnellkochtopf beim Spülen den Ventildeckel abschrauben und so weiter.

● **Entdecken beim Spaziergang:** Geben Sie Ihrem Kind beim Spaziergang Suchaufgaben, zum Beispiel: Wir suchen einen schwarzen Hund, einen Mann mit Hut, ein Kind mit Dreirad, eine Frau mit Einkaufstasche, ein blaues Auto, ein Motorrad und so weiter. Es sollten natürlich Dinge sein, die Ihnen tatsächlich auf Ihrem Weg begegnen können. Immer, wenn Ihr Kind etwas „gefunden" hat, wird es als großer Entdecker gelobt.

● **Von oben sieht die Welt ganz anders aus:** Besteigen Sie mit Ihrem Kind einen Turm oder schauen Sie mit ihm aus einem Hochhaus durchs (geschlossene) Fenster nach unten. Aus dieser Perspektive ist es erst mal gar nicht so einfach, die Dinge (Autos, Menschen, Häuser, Ampeln, Straßenlaternen) zu erkennen und auseinander zu halten.
Auch ein Hochsitz im Wald, eine Brücke (über eine Straße oder einen Fluss) oder ein Kirchturm eröffnen völlig neue Perspektiven.

● **Was passiert wo?:** Erzählen Sie Ihrem Kind, was woanders vorgeht, und lassen Sie es sich von Ihrem Kind wiedererzählen. Das sind gleichzeitig gute Sprachübungen. Wenn Ihr Kind eine Situation schon aus eigener Anschauung kennt, brauchen Sie es ihm auch nicht mehr vorzuerzählen. Zum Beispiel:
*Was passiert
auf einem Bauernhof,
in einer Turnhalle,
in einem Schwimmbad,
auf einer Baustelle,
in einem Restaurant,
auf einem Flugplatz,
in einem Kaufhaus,
im Wald,
beim Frisör,
im Zirkus, Theater,
in einer Gärtnerei,
in einem Postamt,
im Sommer, Winter,
Herbst und Frühling.*
Je mehr Details Ihnen beiden einfallen, desto besser.

● **Etwas suchen kann zum aufregenden Spiel werden:** die Puppe zum Beispiel, ein Paar Socken, die Schuhe, den Ball in der Wiese, ein neues Spielzeug, das Sie absichtlich versteckt haben, oder eine Person. Überlegen Sie dabei gemeinsam mit Ihrem Kind, wo das Gesuchte sein könnte, wann Sie es zuletzt gesehen haben, wo es da gerade war, und so weiter. Geben Sie ihm Tipps, wo es noch nicht nachgeschaut hat, aber nehmen Sie ihm die Arbeit nicht ab.
So lernt es sich zu erinnern, nachzudenken und systematisch zu suchen.

Kolumbus fing auch mal klein an

Schiffchen bauen aus Naturmaterialien ist gar nicht so schwer: In ein etwas zurechtgeschnittenes Stück weicher Baumrinde wird ein stabiles Aststück in die Mitte gesteckt und dann ein großes Blatt als Segel aufgespießt. Bläst Ihr Kind in das Segel, kann sein Schiff auf jeder Pfütze zur großen Abenteuerreise aufbrechen. Und mit einer Schnur versehen folgt das Schiff seinem Kapitän überall hin.

- **Besuchen Sie mit Ihrem Kind Ausstellungen und Museen:** Sprechen Sie mit ihm über alles, was es dort sieht und interessiert. Das Kind muss sich nicht alles anschauen, es reichen ein paar Bilder oder eine Abteilung im Museum. Gehen Sie dafür öfter mal hin. Besonders schön sind Museen, in denen sich etwas Aufregendes tut, zum Beispiel ein Puppen- oder Technikmuseum. Wichtig ist, dass Sie wieder herausgehen, sobald Ihr Kind die Lust am Anschauen verliert. Sonst will es beim nächsten Mal nicht mehr ins Museum mitgehen.

Ein Strohhalm, ein Tischtennisball und ein Becher – und schon haben Sie ein kleines Spiel.

- **Alles, was sich bewegt und verändert, fasziniert das Kind:** Machen Sie deshalb auch mal einen Spaziergang zum Bahnhof und schauen Sie den ein- und ausfahrenden Zügen zu. Besuchen Sie einen Jahrmarkt, ein Volksfest, eine große Baustelle, eine Autobahnbrücke oder eine Schiffsanlegestelle, wenn ein See oder Fluss in Ihrer Nähe ist.

- **Plötzlich sehen die Dinge ganz anders aus:** Geben Sie Ihrem Kind eine Lupe und lassen Sie es damit kleine Sachen genau betrachten: eine Blüte, die Maserung im Holz, feine Muster in Steinen, winzige Muscheln, ein Häufchen Sand oder Kaffee.

Klangspiele

- **Musik machen:** Jetzt kann ein Kind schon sehr gut die unterschiedlichen Töne auseinanderhalten und auch bereits ein wenig Ordnung in seine selbst produzierten bringen. Deshalb sind alle „Instrumente" interessant, die verschiedene Töne hervorbringen, wie zum Beispiel:
  - *Gläser oder Flaschen,* die unterschiedlich viel Flüssigkeit enthalten (von ganz leer bis ganz voll) und die dann mit einem Kaffeelöffel (oder einem anderen Gegenstand) angeschlagen werden.
  - *Papprollen* von unterschiedlicher Länge, in die hineingepustet oder hineingesprochen wird.
  - *Strohhalme,* an einem Ende spitz zugeschnitten und zusammengedrückt, in die hineingeblasen wird. Schneidet man ein Loch in den Strohhalm, können zwei verschiedene Töne produziert werden.
  - *Saiten,* die gezupft werden. Sie können beispielsweise über einen Karton oder eine Zigarrenkiste dünne Gummis spannen. Je stärker die Spannung, desto höher der Ton. Mit echten Saiten aus der Musikalienhandlung hört es sich noch besser an.

Als „richtiges" Instrument, mit dem exakte Töne produziert werden können, eignet sich jetzt ein Xylophon oder Glockenspiel. Die Klangstäbe sind beim Glockenspiel aus Metall, beim Xylophon aus Holz, das sich etwas sanfter anhört.
Auch eine Mundharmonika oder eine Triangel (die man aus dickem Draht auch selbst basteln kann) ma-

chen den meisten Kindern jetzt schon Freude. Und selbstverständlich bleiben auch alle früheren Instrumente (etwa eine Trommel oder ein Blasinstrument) weiterhin große Favoriten.

● **Tanzen – Musik ist etwas für den ganzen Körper:** Beim Singen und Klatschen können Sie deshalb auch mit Ihrem Kind tanzen, sich rhythmisch zur Musik bewegen, den Körper nach der Melodie hin und her wiegen. Tanzen Sie mit Ihrem Kind auch, wenn Sie Musik aus dem Radio oder von der CD hören. Einige Vorschläge für Tanzspiele finden Sie im nachfolgenden Kapitel.

● **Musik „sehen":** Kinder sollten Musik nicht nur hören und selbst produzieren, sondern auch sehen, wie sie von anderen „gemacht" wird. Egal, ob es ein Blasorchester beim Volksfest, ein Kurkonzert, eine Beatgruppe oder ein Solist in der Fußgängerzone ist, Ihr Kind sieht dabei, was Profis mit ihren Instrumenten machen, es sieht, welche Instrumente es gibt, hört, wie unterschiedliche Melodien gespielt werden können. Auf die Qualität der Darbietung kommt es da nicht in erster Linie an. Natürlich wird sich Ihr Kind nur für kurze Zeit dafür interessieren. Deshalb sollten Sie auch kein Konzert mit ihm besuchen, sondern lediglich stehen bleiben, wenn Sie im Freien jemanden spielen hören. Und zwar nur so lange, wie es Ihrem Kind Spaß macht.

● **Singen:** Jetzt macht es Ihrem Kind bereits großen Spaß, selbst Lieder zu lernen. Singen Sie also möglichst oft mit ihm. Beginnen Sie damit, dass Sie ein Lied vorsingen, ein- oder zweimal, je nachdem, wie lange das Kind aufmerksam zuhört. Dann kann es versuchen, eine Strophe nachzusingen. Oft macht es auch Spaß, nur die Melodie zu summen oder mit „lalala" zu singen; im Wechsel – einmal die Mutter, dann das Kind, am Schluss beide zusammen. Es wird sicher noch eine Weile dauern, bis Ihr Kind ein Lied richtig nachsingen kann. Kritisieren Sie es aber nicht, denn sonst nehmen Sie ihm die Freude an der Musik und hemmen damit seine weitere musikalische Entwicklung.

Wenn Ihr Kind mehrere Lieder schon gut kennt, können Sie ihm einen Anfang vorsummen und es dann raten lassen, welches Lied es ist. Das Kind kann dann selbst (oder gemeinsam mit Ihnen) weitersingen. Was auch Spaß macht: Singen oder sprechen Sie einmal laut, dann wieder ganz leise (das schult das Gehör), mal schneller, mal langsam. Ihr Kind soll es nachmachen.

● **Klatschen:** Singen Sie eine Strophe eines Liedes und klatschen Sie dazu im Rhythmus. Die zweite Strophe klatschen Sie den Rhythmus allein – ohne Gesang.

Eine Rassel für die rhythmische Begleitung eines gemeinsamen Liedes ist schnell gebaut: Einen leeren Joghurtbecher mit etwas Reis füllen, einen zweiten leeren Becher dagegensetzen, die Nahtstelle mit Klebeband umwickeln – fertig.

Sie können auch zu Sprechversen rhythmisch in die Hände klatschen. Großen Spaß macht es, wenn Ihr Kind mitklatscht und Sie sich an bestimmten Stellen gegenseitig in die Hände klatschen.

Soziale Kontakte mit Gleichaltrigen sind für die Entwicklung Ihres Kindes wichtig. Lernt es doch so, sich in eine Gruppe zu integrieren und die Andersartigkeit der anderen zu akzeptieren.

Spiele mit anderen Kindern

In den ersten beiden Lebensjahren haben Kinder durchaus schon Interesse an anderen Kindern. Sie gehen aufeinander zu, nehmen Kontakt auf, berühren sich, geben ein Spielzeug ab oder entreißen dem anderen eines. Doch richtig miteinander spielen tun sie in der Regel erst im dritten Lebensjahr, denn erst dann sind sie in der Lage, einfache Regeln zu begreifen und sich daran zu halten.

Die nachfolgenden Spiele lassen sich gut mit mehreren Kindern spielen und sind beispielsweise auch für einen Kindergeburtstag gut geeignet. Am Anfang muss natürlich immer noch ein Erwachsener dabei sein, der den Kindern zeigt, wie es geht. Doch die einfacheren Spiele können die Kinder auch bald alleine nachspielen.

● **Alles, was Flügel hat, fliegt hoch:** Die Kinder sitzen im Kreis (oder um den Tisch herum) und halten die Hände im Schoß (oder auf der Tischplatte). Einer sagt vor (am besten am Anfang ein Erwachsener, im Laufe des Spiels können auch die Kinder nacheinander die Rolle des Vorsagers einnehmen): *„Alle Vögel fliegen hoch"* – jetzt müssen alle Kinder ihre Arme hochstrecken. *„Alle Tauben fliegen hoch"* – jetzt müssen alle Kinder ihre Arme hochstrecken. *„Alle Amseln fliegen hoch"* … *„Alle Bienen fliegen hoch"* … und so weiter. Bei jedem Tier, das tatsächlich Flügel hat und fliegen kann, müssen die Arme hochgestreckt werden. Der Vorsager kann aber zwischendurch auch ein Tier nennen, das nicht fliegt, zum Beispiel *„Alle Katzen fliegen hoch"*. Dann müssen die Arme unten bleiben. Da heißt es ganz schön aufpassen. Und natürlich müssen die Kinder einige Tiere schon etwas genauer kennen.

● **Häschen in der Grube:** Die Kinder machen einen Kreis. Während des Liedes gehen sie rechts herum. Eines ist das Häschen und sitzt – ganz klein – in der Mitte. Bei *„Häschen, hüpf"* fängt es an zu hüpfen.
*Häschen in der Grube,
Saß und schlief,
Saß und schlief.
Armes Häschen bist du krank,
Dass du nicht mehr hüpfen kannst?
Häschen hüpf, Häschen hüpf,
Häschen hüpf.*

Mit anderen Kindern zusammen 81

● **Ringelreihen:** Die Kinder stellen sich im Kreis auf, laufen rechts herum und singen. Bei „*husch, husch, husch*" gehen alle Kinder in die Hocke.

Ringel, ringel, Reihe,
Sind der Kinder dreie,
Sitzen unterm Holderbusch,
Machen alle husch, husch, husch.

● **Jahreszeiten:** Wieder steht ein Kind im Kreis der anderen Kinder. Bei der ersten Strophe gehen alle Kinder rechts herum. Bei der zweiten links herum. Bei der dritten klatscht das Kind in der Mitte in die Hände, die anderen bleiben stehen und drehen sich dreimal um die eigene Achse.

Es war eine Mutter,
Die hatte vier Kinder.
Den Frühling, den Sommer,
Den Herbst und den Winter.

Der Frühling bringt Blumen,
Der Sommer den Klee.
Der Herbst bringt die Trauben,
Der Winter den Schnee.

Das Klatschen, das Klatschen,
Das muss man verstehn.
Da muss man sich dreimal
Im Kreise umdrehn.

● **Klatschen und Patschen:** Der erste Spieler legt seine rechte Hand auf den Tisch. Der zweite legt seine rechte Hand oben drauf. Das geht immer so weiter, bis der letzte Mitspieler seine rechte Hand auf den Händeberg gelegt hat. Danach kommen die linken Hände dran. Liegen alle Hände aufeinander, darf die unterste Hand herausgezogen werden und wieder oben drauf – immer so weiter und immer schneller. Bis es nur noch ein allgemeines Klatschen und Patschen gibt.

● **Eisenbahn:** Die Kinder stehen in einer Reihe. Zwei fangen an zu singen und gehen im Kreis. Dann hängt sich immer wieder eins dran, bis die „Eisenbahn" vollständig ist.

Auf der Eisenbahn
Steht ein schwarzer Mann,
Schürt das Feuer an,
Dass man fahren kann.
Kinderlein, Kinderlein,
Hängt euch dran!
Wir fahren mit der Eisenbahn!

● **Sammelmeister:** In einem längeren Flur oder quer durchs Zimmer werden zwei Strecken mit Bauklötzen ausgelegt. Jedes Kind bekommt ein Säckchen, in die es die Bausteine einsammeln muss. Wer sein Säckchen zuerst voll hat, ist Sieger.
Wenn genügend Platz in der Wohnung ist, kann man auch drei oder mehr Strecken legen. Bei wenig Platz spielen immer zwei Kinder gegeneinander.

● **Wandertaler:** Die Kinder stehen oder sitzen im Kreis und reichen sich hinter ihrem Rücken heimlich einen Gegenstand weiter. Ein Kind steht in der Mitte und muss erraten, bei welchem Kind der Gegenstand grade ist. Hat es getroffen, muss dasjenige Kind in den Kreis zum Weiterraten, das den Gegenstand hatte.

Im Zoo oder auf dem Bauernhof oder im Wald

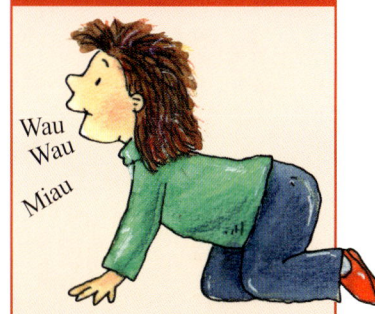

Vor dem Spiel wird bestimmt, welches Kind welches Tier darstellen möchte. Dann wird ein Besuch im Zoo gespielt. Der Spielleiter (es sollte beim ersten Mal ein Erwachsener sein) erzählt die Geschichte. Zum Beispiel: Eine Familie geht in den Zoo, zuerst kommen Vater, Mutter, Heinz und Anne am Affenkäfig vorbei. Der Affe rüttelt am Gitter und gibt Geräusche von sich ... Immer, wenn ein Tier in der Geschichte erwähnt wird, muss das Kind, das dieses Tier darstellt, die entsprechenden Bewegungen und Geräusche machen. Es sollten natürlich nur Tiere vorkommen, die die Kinder schon einmal gesehen haben.

Taler, Taler, du musst wandern,
Von der einen Hand zur andern.
Das ist schön, das ist schön.
Taler lass dich ja nicht sehen.

● **Brüderchen, komm tanz mit mir:** Zwei Kinder stehen sich gegenüber und halten sich bei den Händen und tun immer das, was im Lied vorkommt: mit dem Oberkörper hin und her wiegen, mit den Füßen trappeln, in die Hände klatschen, mit dem Kopf nicken, sich auf der Stelle drehen oder beides zusammen ...

Gemeinsames Spiel bereitet große Freude und lässt die soziale Kompetenz Ihres Kindes wachsen.

Brüderchen, komm tanz mit mir!
Beide Hände reich ich dir.
Einmal hin und einmal her,
Rundherum, das ist nicht schwer.

Ei, das hast du gut gemacht!
Ei, das hätt ich nicht gedacht!
Einmal hin und einmal her,
Rundherum, das ist nicht schwer.

Mit den Füßen trab, trab, trab!
Mit den Händen klapp, klapp, klapp!
Einmal hin und einmal her ...

Noch einmal das schöne Spiel,
Weil es mir so gut gefiel!
Einmal hin und einmal her ...

Mit dem Köpfchen nick, nick, nick!
Mit dem Finger tik, tik, tik!
Einmal hin und einmal her ...

(Text: Adelheid Wette, Melodie: Engelbert Humperdinck, 1893).

● **Hampelmann:** Die Kinder bilden einen Kreis, ein Kind steht in der Mitte und macht alles vor, was der Hampelmann im Lied tut. Bei der Strophe „geht mit seinem Freund spazieren" holt es sich ein anderes Kind aus dem Kreis und „tanzt mit seinem Freund" zusammen im Kreis. Das geholte Kind ist der Hampelmann in der nächsten Runde.

Jetzt steigt der Hampelmann,
Jetzt steigt der Hampelmann,
Aus seinem Bett heraus,
Aus seinem Bett heraus.
O du mein Hampelmann,
Mein Hampelmann bist du.

Jetzt zieht Hampelmann sein kleines Höschen an ...

Jetzt zieht Hampelmann sein kleines Jäckchen an ...

Jetzt zieht Hampelmann sich seine Strümpfe an ...

Jetzt setzt Hampelmann sein kleines Hütchen auf ...

Jetzt geht Hampelmann mit seinem Freund spazieren ...

Jetzt tanzt Hampelmann mit seinem lieben Freund ...

Bewegungsspiele

Ihr Kind kann jetzt schon eine Menge. Es will immer noch etwas dazulernen, noch geschickter werden. Aber es möchte auch Erfolge haben. Machen Sie deshalb alle Bewegungsspiele am Anfang so einfach, dass es das Kind auch schafft. Und freuen Sie sich mit ihm über den Erfolg. Misserfolge würden es ziemlich schnell entmutigen. Wenn etwas geklappt hat, wird es dagegen Lust bekommen, die Schwierigkeiten noch zu steigern.

● **Mit Vater und Mutter:** Lassen Sie Ihr Kind auf Ihren Schultern reiten, gehen und springen Sie mit ihm durch die Wohnung (oder durch den Garten), beugen Sie sich nach vorne, hinten und zur Seite. Aber nicht so weit, dass das Kind Angst bekommt herunterzufallen.
• Hierzu sind zwei Erwachsene nötig: Einer legt sich auf den Rücken, winkelt die Beine in den Knien an und streckt die Fußsohlen nach oben. Der andere setzt das Kind vorsichtig auf die Füße. Dann werden die Beine mit Schwung ausgestreckt, das Kind „davongeschleudert", der zweite Erwachsene fängt es auf. Am Anfang das Ganze sehr vorsichtig und langsam und nur eine ganz kleine Entfernung „schleudern". Nach und nach geht es etwas wilder.
• Nehmen Sie eine lange, dicke Kordel und lassen Sie diese langsam und tief über den Boden kreisen. Ihr Kind soll versuchen, darüber zu springen, wenn die Kordel vor seinen Füßen auftaucht. Danach wird getauscht – das Kind lässt die Kordel kreisen und Sie springen darüber.
• Ihr Kind stützt sich mit beiden Händen am Boden auf. Sie nehmen seine Füße und lassen es als „Schubkarre" über den Boden laufen. Erst nur ein kleines Stück, dann die Strecke langsam steigern.
• Gehen Sie mit Knien und Händen auf den Boden. Ihr Kind darf sich auf Ihren Rücken setzen und reiten. Anfangs wird es von einem zweiten Erwachsenen noch Halt brauchen. Wenn es sicher sitzt, können Sie das Pferd auch einmal „scheuen" lassen, sich im Kreis drehen, schütteln, bocken und mit dem Kopf nach unten gehen.
• Bauen Sie in der Wohnung verschiedene Hindernisse auf: einen Stuhl zum Durchkriechen, einen Tisch, um in der Hocke drunter durchzu„gehen", einen Stuhl zum Drüberklettern und so weiter. Dann spielen Sie mit Ihrem Kind „Hindernislauf". Natürlich müssen auch Sie selbst dabei mitmachen.
• Umfassen Sie beide Handgelenke Ihres Kindes und drehen Sie sich mit ihm im Kreis (so, dass es mit den Füßen abhebt). Aber nicht zu oft, sonst wird Ihnen beiden schwindlig. Langsam beginnen, damit kein zu großer Ruck die Gelenke gefährdet.
• Machen Sie mit Ihrem Kind eine „Turnstunde". Das Kind ist der Lehrer. Es macht vor, was Sie nachmachen müssen: hinlegen, aufstehen, in die Hocke gehen, auf einem Bein hüpfen, im Liegen seitwärts rollen, wie ein Hampelmann springen und dabei Arme und Beine ausbreiten. Wenn Ihrem Kind nichts mehr einfällt, können Sie auch vorübergehend die Rollen tauschen.

Nachdem Ihr Kind lange Zeit im Kinderwagen verbracht hat, will es nun selbst schieben und Sie natürlich nachahmen. Da unterscheiden sich Jungen nicht von Mädchen.

Das dritte Lebensjahr

● **Im Wasser:** Die meisten Kinder haben es in diesem Alter gar nicht gern, wenn ihnen Wasser ins Gesicht spritzt oder über den Kopf läuft. Sowohl in der Badewanne zu Hause als auch im Sommer im Planschbecken, am See oder am Meer können Sie viele lustige Spiele mit Ihrem Kind machen, wobei es diese Scheu verlernt. Das ist wichtig fürs spätere Schwimmenlernen.

In erster Linie sollte ein Kind immer viel und wild herumspritzen dürfen, sobald es im Wasser sitzt – auch daheim in der Badewanne. Die Überschwemmung lässt sich leicht wieder aufwischen. Dann braucht es im Wasser Spielzeug: Schiffe (aus Papier oder aus Plastik), die es schwimmen lassen kann, Plastiktiere, die mitplanschen, eine kleine Gießkanne, mit der sich über den Kopf der Eltern und über den eigenen Kopf Wasser gießen lässt.

Zeigen Sie Ihrem Kind auch, wie man Wellen macht („Huch, da kommt ein Sturm ..."). Lassen Sie es mutige Sprünge zuerst in ganz seichtes, später in etwas tieferes Wasser machen.

Wichtig bei allen Wasserspielen: das Kind niemals zu etwas zwingen, immer dabeibleiben, auch in der Badewanne; falls es einmal mit dem Kopf unter Wasser gerät und wenn es sich einmal erschreckt, sofort liebevoll trösten. Am besten probieren Sie alle Spielchen selbst aus, lassen sich mit Wasser besprizten, begießen, anduschen und so weiter und machen Ihrem Kind dabei vor, dass man auch fröhlich lachen kann, wenn man Wasser im Gesicht hat – vielleicht muss man ja zwischendurch ein paarmal kräftig prusten, wie ein Walross.

● **Mit dem Ball:** Treffen ist auch nicht gerade einfach.
• Sie sitzen Ihrem Kind gegenüber, mit gegrätschten Beinen. Lassen Sie einen Ball zwischen sich hin und her rollen. Je älter das Kind ist, desto größer darf der Abstand zwischen Ihnen sein.
• Dasselbe Spiel – allerdings etwas schwieriger – lässt sich auch mit geschlossenen Beinen machen: Der Ball wird an der linken und rechten Körperseite vorbeigerollt.
• Machen Sie mit Ihrem Körper eine Brücke und lassen Sie das Kind den Ball unter der Brücke durchrollen. Anschließend darf das Kind die Brücke machen.
• Hochwerfen und auffangen: Das ist eine schwierige Übung für das Kind. Sie müssen es ihm erst mal zeigen. Aber bitte nicht zu hoch, sonst verliert Ihr Kind sofort den Mut und mag es nicht nachmachen. Am besten werfen Sie den Ball nur bis zur Höhe Ihres Kopfes und fangen ihn dann mit beiden Händen wieder auf.
• Sie stehen sich gegenüber und werfen sich den Ball zu. Mit maximal einem Meter beginnen, sonst hat das Kind keine Chance, den Ball auch zu fangen.

Wenn Ihr Kind erst einmal den Ball aus kurzer Entfernung in einen Wäschekorb werfen kann, wird es später auch aus zwei oder drei Metern in einen Papierkorb treffen.

Siebtes Kapitel

Das vierte Lebensjahr

Vieles von dem, was Ihr Kind im letzten Jahr alleine machen wollte, beherrscht es jetzt sehr gut: sich an- und ausziehen (wobei es beim Schließen und Öffnen von Knöpfen und Reißverschlüssen meistens noch ein wenig hapert. Doch das lernt es in den nächsten beiden Jahren perfekt), mit Messer und Gabel essen, Bilder ausschneiden, Treppen freihändig auf- und absteigen (das macht es mit großer Vorliebe), Dreirad fahren und so weiter. Für die Eltern tritt jetzt wieder eine ruhigere Zeit ein, denn ihr Kind muss nicht mehr so viel und so heftig um seine Möglichkeiten und Fähigkeiten kämpfen. Es kann ja schon sehr viel, gerät also nicht mehr so leicht in Zorn und Wut. Viele Kinder sind jetzt tagsüber schon zuverlässig trocken. Wenn es bei Ihrem allerdings noch nicht ganz so weit ist, haben Sie auch weiterhin Geduld. Bis zum Ende des Jahres wird es sicherlich von selbst auf den Topf oder die Toilette gehen. Möglicherweise wird es sogar Tag und Nacht gleichzeitig sauber.

Erkundungsreisen und Entdeckerlust außerhalb der Familie

Das Hauptinteresse der Drei- bis Vierjährigen gehört der Erkundung der weiteren Umwelt. Sie sind ständig auf Entdeckungsreisen, wollen wissen, was außerhalb des kleinen Familienkreises alles passiert. Dazu gehört ein besonderes Interesse an anderen Kindern, überhaupt anderen, neuen Menschen. Sie wollen sie kennen lernen.

Spaß am Lernen und Spielen – auch ohne Eltern

Der Bewegungsdrang ist nach wie vor sehr groß. Aber jetzt kann ein Kind sich auch schon für kürzere Zeit ruhig halten, es kann auch mal warten, seine Bedürfnisse ein wenig zurückstellen oder sich – gegen Ende des vierten Lebensjahres – intensiv für mindestens zehn Minuten auf eine einzige Sache konzentrieren.
Als Eltern sollten Sie jetzt vor allem die Entdeckerlust des Kindes fördern, ihm Anregungen geben, seine Aktivitäten unterstützen. Das setzt voraus, dass Sie ihm möglichst viele unüberwindliche Hindernisse aus dem Weg räumen, Ver- und Gebote soweit wie möglich einschränken, es aber auf der anderen Seite nicht überfordern. Beim Lernen und Spielen ist Freude und Spaß der wichtigste Faktor. Akzeptieren Sie, wenn Ihr Kind Ihre Vorschläge einmal (das kann jetzt öfter vorkommen) nicht annimmt und lieber etwas anderes spielen will. Oder wenn es überhaupt keine Lust hat, mit Vater oder Mutter etwas zu unternehmen, sondern lieber mit anderen Kindern zusammen ist. Jedes Spiel, auch wenn es Ihnen vielleicht langweilig, dumm oder einseitig erscheint, fördert die Fähigkeiten Ihres Kindes.

An- und Ausziehen ist bis auf die Knöpfe und andere Feinheiten kein Problem mehr. Und bei den Schuhen helfen Klettverschlüsse.

So verändert sich der Körper

In diesem Jahr wächst Ihr Kind rund sieben Zentimeter. Mädchen sind in der Regel etwas kleiner als Jungen. Überhaupt sind jetzt schon deutliche Unterschiede im Längenwachstum der einzelnen Kinder festzustellen. So gilt beispielsweise eine Abweichung von jeweils acht Zentimetern nach oben und unten (vom Durchschnittswert 97 bis 104 Zentimeter am dritten und vierten Geburtstag) immer noch als normal. Ebenso eine Abweichung von vier Kilogramm Gewicht (Durchschnittswert: 15 bis 17 Kilogramm).

Ausgewogene, gesunde Ernährung für ein stabiles Kind

Körperbau und Größe sind zu einem großen Teil genetisch bedingt, also in den Erbanlagen festgelegt. Weitere Rollen spielen daneben aber auch die Ernährung (am besten kalzium-, vitamin- und eiweißreich), der Gesundheitszustand und die seelische Verfassung der Kinder.

Der starke Bewegungsdrang führt bei vielen Kindern dazu, dass sie schlanker werden, den Babyspeck verlieren und Arme und Beine dünn und lang wirken. Der Kopf wächst in diesem Jahr ebenfalls noch ein Stück weiter. Am Ende des Jahres hat er beinahe seine endgültige Breite erreicht und wächst später nur noch in der Länge. Die Stirn wird flacher, die Augäpfel vergrößern sich, der Hals streckt sich. Die Sinnesorgane und das Nervensystem haben ihre Entwicklung mit drei Jahren weitgehend abgeschlossen. Jetzt werden die Strukturen und Funktionen verfeinert und differenziert. Die übrigen Organe stabilisieren sich in ihren Funktionen.

Das Kind atmet jetzt langsamer, auch der Puls verlangsamt sich mehr und mehr. Insgesamt ist das Kind jetzt ziemlich stabil und auch nicht mehr so anfällig für Krankheiten.

Häufiger Schnupfen, insbesondere in den Wintermonaten, ist allerdings in diesem Alter noch normal. Immer noch das beste Mittel dagegen: viel frische Luft (auch bei schlechtem Wetter) und eine ausgewogene, gesunde Ernährung.

Bei jedem Wetter an die frische Luft hilft Krankheiten vorzubeugen. Frei nach der Devise: Schlechtes Wetter gibt es eigentlich nicht, sondern nur unpassende Kleidung.

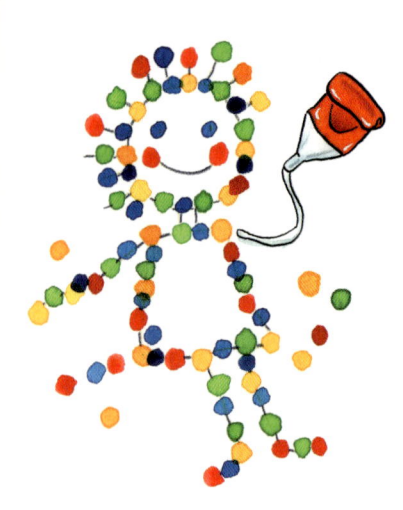

Einem Kind, das sich zwischendurch richtig austoben kann, fällt Konzentration relativ leicht.

Die motorische Entwicklung

Die Bewegungen Ihres Kindes werden jetzt immer schneller und geschickter. Es stößt sich nicht mehr so oft, fällt kaum noch hin, turnt aber sicher und geschickt auf Klettergerüsten oder Bäumen herum, springt – ohne sich zu verletzen – etwa aus 30 Zentimeter Höhe herunter, kann (oder lernt) mehrere Meter auf einem Bein zu hüpfen. Gegen Ende des vierten Lebensjahres steigen manche Kinder bereits vom Dreirad auf ein Zweirad (erst noch mit seitlichen Stützen) um.

Wildes Toben, eine Lieblingsbeschäftigung der Dreijährigen, ist die beste Übung zur Körperbeherrschung. Selbst, wenn es manchmal ziemlich planlos aussieht – das ist es nur scheinbar.

Außerdem: Wenn Ihr Kind sich jeden Tag richtig körperlich austoben kann, fällt es ihm umso leichter, in den Pausen dazwischen – beim Essen, Anziehen, beim Erzählen, bei ruhigeren Spielen, wie etwa Malen oder Ausschneiden – wieder stillzuhalten und ruhig zu sitzen.

Geistige und psychische Entwicklung

Die sensorischen Fähigkeiten des Kindes entwickeln sich in diesem Lebensjahr zu ihrer endgültigen Leistungsfähigkeit. Das Kind kann räumlich sehen, fast wie ein Erwachsener. Es kann bereits kleine Entfernungen abschätzen, weiß, dass große Dinge in der Entfernung kleiner aussehen, kann Räume und Wege, die es kennt, gut beschreiben. Der Unterschied zu Erwachsenen oder größeren Kindern liegt allerdings darin, dass das Drei- bis Vierjährige seinen kleinen Körper als Bezugssystem zu dem, was es sieht, benutzt. Das bedeutet, dass ihm vieles viel größer erscheint als einem Erwachsenen. Außerdem „sieht" es vor allem Dinge, die es interessant findet, und beachtet andere, mit denen es nichts anfangen kann, überhaupt nicht. Das heißt, es nimmt zwar rein physikalisch seine

Sprache zur Mitteilung 89

Umgebung wie ein Erwachsener wahr, deutet sie jedoch noch etwas anders als dieser. Gerade jetzt ist es für die Eltern interessant, die Umwelt ihres Kindes mit dessen Augen zu betrachten. Sie werden viele Details erkennen, die ihnen sonst überhaupt nicht aufgefallen wären.

Kinder entwickeln in diesem Jahr auch ein besseres Zeitgefühl. Sie interessieren sich für Begriffe wie „gestern", „heute", „morgen". Sie wollen wissen, welcher Wochentag ist, können mit Tag, Nacht und den Jahreszeiten schon etwas anfangen. Allmählich begreifen sie, dass Jugend und Alter mit der Zeit zusammenhängen, wissen, dass sie selbst früher ein kleines Baby waren und später Oma oder Opa werden. Für das Kind bekommen Vergangenheit und Zukunft langsam eine Bedeutung, während es bisher lediglich in der Gegenwart gelebt hat.

Denken, Behalten, Erinnern gelingen dem Kind immer besser. Es ist unglaublich wissbegierig, will ständig Neues hinzulernen – und fragt, fragt, fragt. Dabei geht es viel differenzierter vor als bisher. Es möchte die Dinge nicht mehr nur kennen lernen, sondern ihnen auf den Grund gehen. Reime oder Lieder lernt es gern, wenn es den Sinn begreift. An spannende Ereignisse (wie Urlaub, Weihnachten, Geburtstag, Besuch bei den Großeltern) kann es sich lange Zeit erinnern und davon erzählen.

Sehr gerne schauen sich Kinder jetzt zum Beispiel Fotos von vergangenen Ereignissen an, bei denen sie selbst dabei waren. Sie erkennen sich selbst und andere Familienmitglieder darauf und freuen sich darüber. Wenn Ihrem Kind etwas gelungen ist, wenn es sich etwas richtig gemerkt oder etwas Neues hinzugelernt hat, will es für seinen Erfolg gelobt werden. Es ist stolz auf seine Fähigkeiten und möchte auch, dass seine Bezugspersonen stolz darauf sind. Die Sprache übernimmt nun immer mehr die Funktion, die sie auch bei Erwachsenen hat: Bedürfnisse, Erfahrungen, Erlebnisse werden artikuliert und so dem anderen mitgeteilt. Immer weniger wird Ihr Kind nur mit Zeichen ausdrücken, was es will oder empfindet, stattdessen wird es immer häufiger Worte dafür gebrauchen.

In diesem Jahr ist es geradezu begierig, neue Wörter dazuzulernen. Es nimmt alles auf, was es hört und verwendet es wieder (zum Beispiel auch Schimpfwörter, wenn es wütend oder verärgert ist). Fehlt ihm einmal ein Wort, erfindet es einfach eine eigene Bezeichnung. Oft verblüffend treffend, wenn auch grammatikalisch nicht ganz richtig.

Zum Beispiel „Anziehzeug" statt Kleidung oder „Ich habe getrinkt" statt getrunken. Viele dieser Grammatikfehler werden noch längere Zeit beibehalten. Doch im Laufe dieses Jahres werden, zusätzlich zu den vielen neuen Wörtern, die Sätze länger (sechs bis acht Wörter) und komplizierter, lernt das Kind Haupt- und Tätigkeitswörter zu beugen und die Sätze sicherer zu gliedern.

Charmante Grammatikfehler sind in der Sprache Ihres Kindes an der Tagesordnung, vielleicht auch das bekannte „Ich habe fertig". Notieren Sie sich diese Stilblüten, denn diese Zeit kehrt nie zurück.

Die soziale Entwicklung

Ihr Kind ist jetzt kein Kleinkind mehr. Es hat bereits erkannt, dass es ein selbstständiges Wesen ist. Wenn es von sich selbst spricht, sagt es „ich". Es entwickelt Ideen, wie und was es werden will, und setzt sich selbst zu den anderen in Beziehung. Es ist stolz darauf, schon so groß und vernünftig zu sein. Es ist in vielen Dingen einsichtig, kann (wenn auch nur kurze Zeit) warten und übernimmt im kleinen Bereich Verantwortung. Natürlich sind die engsten Bezugspersonen seine Vorbilder. Es will so werden wie Mutter oder Vater (oder auch Oma und Opa, wenn die etwas darstellen, womit es sich gerne identifiziert).

Einfache Regel: Lob wird als Liebe, Tadel als Ablehnung empfunden

Wutanfälle und trotzige Ablehnung werden immer seltener. Vorausgesetzt, die Eltern haben sich bisher verständnisvoll verhalten. Dann sieht das Kind in diesem Lebensjahr leichter ein, dass ein Miteinander ebenso viel oder noch mehr Spaß macht wie ein Gegeneinander. Durch seine erhöhte Denkfähigkeit ist das Kind auch schon in der Lage, sich auf Kompromisse einzulassen, seine Bedürfnisse ein wenig aufzuschieben, wenn ihm dafür später (nicht zu spät) etwas noch Besseres winkt. Es kann sich auf Zukünftiges freuen. Allzu lange darf das allerdings nicht auf sich warten lassen.

Es übernimmt nach und nach Werturteile der Erwachsenen, mit denen es sich identifiziert. Lob und Tadel empfindet es jetzt als Zuwendung und Zurückweisung.

Weil es in vielen Bereichen bereits sehr gut weiß, was „richtig" und was „falsch" ist, greift es sogar schon manchmal zu einer kleinen Schwindelei, um die Erwachsenen nicht zu verärgern und hat ein schlechtes Gewissen, wenn es etwas angestellt hat. Eltern sollten darauf nicht zu negativ reagieren. Denn alles, was das Kind damit erreichen will, ist geliebt, nicht abgelehnt (also ausgeschimpft) zu werden. Mit verständnisvollen Erklärungen und weniger Zurechtweisung bei falschem Verhalten lassen sich die kleinen „Lügner" schnell wieder auf den richtigen Weg führen.

Immer mehr kann das Kind auf die ununterbrochene Beschäftigung mit den Eltern verzichten. Es sucht stattdessen die Gesellschaft von anderen Kindern und spielt mit ihnen.

Es will mit Gleichaltrigen befreundet sein, kann sich meist schon zu Beginn des vierten Lebensjahres gut

Kinder einbeziehen

in eine Gruppe einfügen und mit ihr gemeinsam etwas unternehmen.

Kindergarten oder private Spielgruppe – Kinder brauchen Kinder

Aus diesen Initiativen bekommt es jede Menge Anregungen, die seine Entwicklung und sein Sozialverhalten fördern. Mitgefühl, Rücksichtnahme, Hilfsbereitschaft oder Anteilnahme – zu all diesen Eigenschaften ist es schon fähig – entwickelt das Kind einmal durch das Vorbild in der Familie und auch in starkem Maß in einer Gruppe mit Kindern.

Deshalb ist es jetzt auch ein gutes Alter, um mit dem Kindergartenbesuch zu beginnen.

Wenn Sie keinen Platz ergattern können (viele Kindergärten nehmen Kinder auch erst ab vier Jahren), sollten Sie dafür sorgen, dass Ihr Kind viele und vor allem regelmäßige Möglichkeiten hat, mit anderen Kindern zusammenzukommen: auf dem Spielplatz, in der Nachbarschaft, in einer privaten Spielgruppe.

Spiele

Rollenspiele, die ja bereits im vergangenen Jahr beliebt waren, spielen in diesem Jahr eine Hauptrolle. Das Kind spielt alleine, mit Puppen oder anderen Kindern seine Umwelt nach. Eltern brauchen höchstens mal ein paar Vorschläge zu machen oder Anregungen zu geben. Nur selten müssen sie selbst mitspielen. Sie haben aber große Chancen, mehr über ihr Kind, seine Sorgen, seine Wünsche, seine Ängste und Träume zu erfahren, wenn sie es beim Rollenspiel beobachten. In diesen Spielen üben Kinder Sozialverhalten, verarbeiten aber auch ihre Eindrücke und Probleme.

Der zweite wichtige Spielbereich in diesem Lebensalter ist die Bewegung. Schließlich wächst das Kind noch, müssen Knochen, Muskeln, Bänder und so weiter gekräftigt und die Körperbeherrschung eingeübt werden. Ein großer Teil des Tages wird deshalb vor allem „getobt".

Trotz dieser Hauptbeschäftigungen sollen natürlich die übrigen Fähigkeiten des Kindes nicht vernachlässigt werden. Es braucht auch in diesem Jahr (und in den nächsten Jahren) noch viele Anregungen von den Erwachsenen, um seine Fähigkeiten zu verbessern, seine Interessen kennen zu lernen und besondere Begabungen herauszufinden.

Zu den wichtigen „Spielen" gehört auch die Einbeziehung des Kindes in das Familienleben – aufräumen, kochen, einkaufen. Alle „sinnvollen" (in diesem Alter ist alles sinnvoll, auch

Die Welt hat in einer Nussschale Platz

Ob sich nun eine Hagebutte in einer halben Walnussschale zur Ruhe begibt oder diese Schale plötzlich zum Leben erweckt wird, indem sie mal als Körper eines Marienkäfers oder einer Maus dient, ist Kindern in ihrer Fantasie egal. Und so hat denn sicherlich auch für sie die ganze Welt mit all ihren Erscheinungen in einer winzig kleinen Nussschale Platz.

Was Ihr Kind in diesem Alter gut gebrauchen kann, sind folgende Spiele: Bilderlotto, einfache Puzzles, Bilderdomino, Formenlegespiele.

Vieles davon können Sie aber auch einfach selbst machen, wie Ihnen die rechts stehenden Anregungen zeigen.

das scheinbar unsinnigste Spiel!) Tätigkeiten machen das Kind selbstständiger und vor allem stolz auf seine Leistung. Natürlich muss es entsprechend gelobt werden.

Denkspiele

Die Denkvorgänge Ihres Kindes werden mit den nachfolgenden Spielen gut angeregt:

● **Was stimmt hier nicht?:** Zeichnen Sie einfache Bilder, auf denen etwas nicht stimmt, und lassen Sie Ihr Kind herausfinden, was falsch ist. Zum Beispiel ein Männchen, das statt eines Hundes einen Schuh an der Leine führt oder ein Auto, in dem der Fahrer verkehrt herum sitzt.
Auch ein Tannenbaum, auf dem Äpfel wachsen, oder ein Obstkorb, aus dem Socken oder ein Kleid heraushängen, oder eine Straßenlaterne, deren Lampe ein Besen ist, eignen sich als Motiv.

● **Ordnen:** Jetzt können Kinder schon sehr gut ihre Spielsachen selbst aufräumen. Umso mehr Spaß macht es, je größer die Ordnungsmöglichkeiten sind. Lassen Sie Ihr Kind also nicht nur Puppen zu Puppen, Bausteine zu Bausteine, Autos zu Autos in die Kiste werfen, sondern bieten Sie ihm noch andere Ordnungsmöglichkeiten an.
Zum Beispiel, alle Sachen, mit denen es gerne spielt zusammen, alle Sachen, mit denen es draußen (oder drinnen) spielt, Spielzeug aus Plastik, aus Holz, neue und alte, Geschenke von den Großeltern, von den Tanten und so weiter.
Ein Ordnungsspiel können Sie beispielsweise auch machen, wenn Sie gemeinsam mit Ihrem Kind einen Katalog oder Zeitschriften ausschneiden. Dann gibt es Bilder mit Menschen, mit Tieren, mit Bäumen, Haushaltsgeräte, Mäntel, Kleider, Schuhe oder Bilder, auf denen mehrere Gegenstände zu sehen sind (etwa Menschen und Tiere, Menschen und Häuser). Diese Bilder müssen dann jeweils auf einen Stapel zusammenkommen (oder in eine Schachtel gelegt oder in ein Kuvert gesteckt werden).

● **Namen verändern:** Auch dieses Spiel ist kurz vor dem vierten Geburtstag geeignet. Sagen Sie Ihrem Kind (es können auch mehrere Kinder mitspielen) Namen vor und fordern Sie es auf, die Namen zu verändern. Beispiel: Julia – Julio – Jalia – Jelio oder Michael – Machael – Muchael – Micheul und so weiter.
Wichtig ist, dass die Namen viele Vokale haben. Man kann das Spiel auch mit anderen Wörtern spielen, sie müssen aber ebenfalls viele Vokale haben, etwa Teddybär, Autobahn, Bilderbuch etc.

● **Suchen:** Bisher haben Sie einen Gegenstand versteckt und das Kind hat ihn gefunden. Nun beschreiben Sie den Fundort mit Worten! Das macht Spaß, setzt einen komplizierten Denkvorgang in Bewegung und Ihr Kind lernt dabei räumliche Begriffe.

Sagen Sie also: Der Ball (der Schlüssel, die Puppe, der Teddy oder was sonst auch immer) liegt neben, auf, unter, rechts von, links von, über, vor, hinter dem Kissen (oder Schrank, Stuhl, Sofa und so weiter).
Natürlich geht das nicht alles auf einmal, sondern nur nach und nach. Und zu Anfang müssen Sie Ihrem Kind sicher noch öfter mal etwas zeigen. Sagen Sie aber bereits dann schon immer die genaue Ortsbezeichnung dazu. Etwa auf diese Weise: „Schau, hier rechts von der Lampe liegt das Taschentuch", oder: „Der Schlüssel steckt im Türschloss".

● **Rätsel raten:** Gegen Ende des vierten Lebensjahres macht es Kindern großen Spaß, Rätsel zu raten und sich selbst welche auszudenken. Fangen Sie mit ganz einfachen Sachen an, die das Kind möglichst aus seiner nächsten Umwelt kennt.
Es kommt von oben und macht Bäume und Blumen nass (Regen), es ist gelb und länglich und schmeckt gut (Banane), es hat vier Räder, macht Lärm und stinkt (Auto), es ist weiß, wird ins Glas geschüttet und getrunken (Milch), es ist rund und rot und hängt am Baum (Apfel), es ist viereckig, hängt an der Wand und wenn man hinschaut, sieht man sich selbst (Spiegel) und so weiter.

● **Karten sortieren:** Lassen Sie Ihr Kind Spielkarten ordnen. Anfangs ein Spiel „Schwarzer Peter", bei dem immer zwei Karten zusammengehören, später Quartette mit vier zusammengehörenden Karten.

Wenn Ihr Kind Lust hat, darf es auch schon an ein Skat- oder Romméspiel heran. Doch diese Karten sind viel schwieriger.

● **Gemeinsam zeichnen:** Sie nehmen ein großes Blatt Papier und zeichnen zwei große Quadrate darauf. In ein Quadrat dürfen Sie zeichnen, in das andere Ihr Kind. Zeichnen Sie in Ihr Quadrat ganz einfache Gegenstände – einen Löffel, einen Stuhl, eine Tasse, ein Brot. Immer, wenn Sie Ihren Gegenstand gezeichnet haben, darf das Kind den gleichen Gegenstand in sein Feld zeichnen.
Nach einiger Zeit wird Ihr Kind schon nach Ihren ersten Strichen wissen, was Sie zeichnen wollen. Dann wechseln Sie doch auch einfach mal die Rollen. Ihr Kind zeichnet vor, Sie zeichnen nach.

● **Bilder raten:** Das lässt sich mit mehreren Kindern spielen. Sie zeichnen einfach Gegenstände auf Papierschnipsel (Auto, Schuh, Haus, Baum etc). Die Schnipsel werden gefaltet und in einen Topf oder Korb gelegt. Jedes Kind darf sich ein „Los" nehmen. Dann soll es das Bild, das es bekommen hat, auf ein größeres Papier malen (oder auf eine Tafel). Die anderen Kinder müssen raten, was es ist.

Gemeinsame Welt der Formen und Farben

Eine anspruchsvollere Variante des Quadratefüllens wäre: Sie malen gemeinsam auf ein Blatt Papier „Begriffs-Ehepaare".
Sie geben ein Bild vor und Ihr Kind muss den Partnerbegriff raten und malen: Sie malen eine Nase (dazu passen Tropfen – Nasentropfen), eine Hand (dazu gehört ein Schuh – Handschuh). Danach malen Sie ein Messer (eine richtige Antwort wäre: die Gabel. Das setzt allerdings schon ein gehöriges Maß an Abstraktionsvermögen bei Ihrem Kind voraus).

Rollenspiele

Spätestens im dritten Lebensjahr hat das Kind festgestellt, dass seine Interessen oft nicht mit denen der Eltern, insbesondere der Mutter, übereinstimmen. Und in aller Regel erlebt es sich selbst in solchen Konflikten als Verlierer. Die Mutter bleibt die Stärkere. Deshalb ist es nur logisch, dass es diese starke Rolle der Mutter auch einmal einnehmen will. Das klassische Rollenspiel heißt demnach auch „Mutter und Kind". Als Kind fungiert dabei eine Puppe, ein Teddy oder ein anderes Kind.

Für Eltern sind diese Spiele hoch interessant. Sie können sich selbst wie in einem Spiegel erleben und sie können feststellen, was sich ihr Kind wünscht.

Beiden zeigt es dadurch, wie es im Spiel mit „seinem Kind" umgeht.

Doch Drei- bis Vierjährige beobachten nicht nur die Menschen der eigenen Familie. Sie kennen ja jede Menge andere Leute, die ihnen Stoff für interessante Spiele liefern. Eltern können ihnen dabei Anregungen geben und „Material" zur Verfügung stellen. Zum Mitspielen sind in diesem Alter andere Kinder die Favoriten. Nur ab und zu wird zur Abwechslung auch mal ein Erwachsener akzeptiert.

● **Polizei:** Polizisten haben viel zu tun. Sie müssen auf der Kreuzung stehen und den Verkehr regeln. Dazu brauchen sie eine Pfeife für diejenigen Verkehrsteilnehmer, die zu langsam sind oder nicht begreifen, dass sie jetzt halten oder weiterfahren müssen. Natürlich haben sie auch eine Mütze auf. An der Kreuzung ist ziemlich was los. Autos, Lastwagen, Fahrräder, Fußgänger, Motorradfahrer – alle wollen rüber (das können andere Kinder sein oder verschiedenes Spielzeug). Polizisten müssen aber auch losbrausen (tatü, tata), wenn irgendwo ein Unfall ist. Oder sie müssen einen Einbrecher festnehmen, Strafzettel fürs Falschparken ausstellen oder ein Auto abschleppen lassen.

● **Verkleiden:** Wenn Kinder jetzt in andere Rollen schlüpfen, wollen sie das auch nach außen deutlich machen. Verkleiden gehört zu fast allen Rollenspielen. Es ist gut, wenn es bei Ihnen eine Klamottenkiste gibt, aus der sich die Kinder reichlich bedienen können. Tücher, Hüte, Röcke, Schals, Blusen, Pullis und so weiter sollten Sie nicht wegwerfen oder in die Kleidersammlung geben, sondern zum Spielen aufheben. Da lässt sich beispielsweise eine prima

Um die Realität im Spiel aufzuarbeiten, verkleiden sich Kinder nur allzu gern. Ein entsprechender Fundus an abgelegter Bekleidung hilft in diesem Fall sehr.

Modenschau veranstalten: Ein Kind (oder auch mehrere) verkleidet sich und läuft dann vor den anderen auf und ab. Diese sind das Publikum und applaudieren.
Oder Einkaufen in der Modeboutique: Die Verkäuferin bietet Bekleidung an. Die Kundin probiert sie und entscheidet dann, nach einem Blick in den Spiegel, ob sie sie kaufen will oder nicht.

● **Kaufmann:** Ein perfekter Kaufmannsladen muss nicht unbedingt sein. Ein kleiner Tisch, der als Theke dient, ein paar Schachteln, Tüten, Tuben, die vom Familienhaushalt abfallen, tun es auch. Was Ihr Kind aber haben sollte, ist eine Kasse (sie muss klingeln, wenn sie aufspringt) und eine Waage, die mit Gewichten zu bedienen ist (mit einer Zahlenskala kann das Kind noch nichts anfangen).

● **Arzt oder Tierarzt:** In einer Zimmerecke ist das Wartezimmer, in der anderen das Sprechzimmer. Ein Kind ist der Arzt oder Tierarzt. Ein anderes kann Sprechstundenhilfe spielen. Die übrigen Kinder sitzen mit ihren Kindern (Puppen) oder Tieren (Plüschtiere) im Wartezimmer. Wenn der Arzt „der Nächste, bitte" ruft, darf immer ein Kind hineingehen und sein Anliegen vortragen. Schön, wenn dem Arzt einiges Material zur Verfügung steht: Pflaster, Spritzen (ohne Nadel!), Verband, Schere. Zum Abhorchen tut's eine Kette um den Hals, an der unten ein großer Knopf befestigt ist.

● **Straßenbahn- oder Busfahrer:** Als Gefährt eignen sich große Kartons oder ein umgedrehter Tisch. Ein Kind ist der Fahrer, der Fahrkarten ausstellen (abgefahrene Fahrscheine von „echten" Fahrten aufheben), die Haltestellen ansagen und den Fahrgast wieder aussteigen lassen muss. Das andere Kind ist der Fahrgast. Natürlich können auch mehrere Kinder mitfahren und die Rollen können getauscht werden. Abends (wenn das bloße Herumfahren langweilig geworden ist) muss der Bus in die große Busgarage gefahren werden. Wenn er kaputt ist, kommt er in die Werkstatt (dann wird aus dem Fahrer oder einem anderen Kind ganz schnell ein Monteur).

● **Post und Bank:** Dazu brauchen Kinder Kleber (am besten einen Klebestift), Formulare und Stempel. Nehmen Sie echte Formulare, wie Einschreibzettel, Überweisungsaufträge, Zahlkarten, Paketaufkleber und so weiter, damit lernen die Kinder gleich die richtigen kennen. Briefkuverts kann man aus normalem Papier selbst falten und zusammenkleben. Abgelöste, gebrauchte Briefmarken lassen sich wieder verwenden und auf die Kinderpost kleben. Auf der Bank muss man natürlich auch Geld einzahlen und abheben können. Natürlich kann man auch ein fertiges Post- oder Bankspiel kaufen. Das muss aber nicht sein.

Im Land der Prinzen und Prinzessinnen

Sicher kennt Ihr Kind schon einige Märchen. Wenn auch die anderen Kinder diese kennen, lassen sie sich wunderbar nachspielen. Um den Kindern zu helfen, können Sie das Märchen ja nochmals kurz erzählen. Keine Frage, dass sich die Kinder für dieses Spiel sehr gerne verkleiden.
Auch Fernsehsendungen lassen sich im Nachspiel sehr gut aufarbeiten und regen auf diesem Weg die Fantasie doch noch etwas an. Denn in diesem frühen Alter sollten Kinder nach Möglichkeit nur wenige ausgewählte Kindersendungen anschauen.

Musikspiele

Was Sie auch schon im letzten Jahr an musikalischen Spielen mit Ihrem Kind gemacht haben, können Sie in diesem beibehalten: Singen, Tanzen, diverse Formen des Geräuscheproduzierens (Flaschen, Gläser, Topfdeckel), Musik hören, von Beat bis Klassik, möglichst vielseitig, einfache Instrumente spielen. Die musikalische Förderung ist besonders wichtig, denn sie regt nicht nur die Musikalität an, sondern wirkt sich auch positiv auf das Denkvermögen, die Konzentration, das Sozialverhalten und die Emotionen aus. Eltern, die selbst ein Instrument spielen oder gut singen können, tun sich natürlich leicht. Sie brauchen ihr Kind nur an den eigenen musikalischen Aktivitäten teilhaben zu lassen. Doch auch wenn Sie sich für unmusikalisch halten, sollten Sie Ihrem Kind jeglichen Umgang mit Musik anbieten und sich nicht scheuen, auch mal „falsche" Töne von sich zu geben. Vielleicht kommen Sie sogar durch Ihr Kind dahinter, dass Ihnen Musik jede Menge Spaß macht. Und hier noch ein paar Spielvorschläge, für die Sie nicht besonders musikalisch sein müssen.

In erster Linie geht es bei den Musikspielen nicht so sehr um die Qualität der produzierten Musik, sondern um das Miteinander.

● **Orchester:** Geben Sie mehreren Kindern „Instrumente". Das können Gegenstände sein, die durchaus Lärm machen – ein Topf mit Deckel, ein Topf, der mit einem hölzernen Kochlöffel angeschlagen wird, eine Rassel usw. Als Instrumente eignen sich in diesem Alter auch kleine Orff-Instrumente wie Zimbeln, Schellentrommeln, Kastagnetten, Klanghölzer oder Handtrommeln. Lassen Sie die Kinder einige Zeit die Instrumente ausprobieren und Lärm machen. Dann können Sie vorschlagen, dass die Kinder im Kreis gehen, ein Lied singen oder summen und dazu ihre Instrumente bedienen. Oder die Kinder schlagen ihre Instrumente an und marschieren dazu in der Wohnung herum. Oder ein Kind „spielt" das Instrument, die anderen klatschen und stampfen dazu. Es gibt zahlreiche Variationsmöglichkeiten.

● **Sing-Geschichten:** Sie vereinbaren mit Ihrem Kind, dass Sie jetzt nicht mehr miteinander sprechen, sondern nur noch singen (es können auch andere Kinder mitspielen). Sie singen beispielsweise „Wo-ollen wir jetzt aufrä-äumen?" Und das Kind antwortet: „Jetzt no-och ni-icht!" So können Sie selbst ausgedachte Melodien längere Zeit in gegenseitigem Singsang hervorbringen. Auch Geschichten lassen sich auf diese Singweise erzählen. Oder Sie machen ein Frage-Antwort-Spiel daraus. Sie singen: „Sag mir, was du gerne spielen (essen, anziehen, trinken, kaufen) willst." Und das Kind denkt sich viele Antworten aus und singt sie zurück (ich möchte Kuchen, Nüsse, Puppen, Äpfel etc.). In der Regel machen Kinder, je kleiner sie sind, desto begeisterter mit.

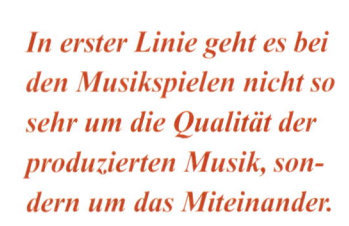

Kreativspiele

Alles, was Sie schon bisher im „Kunstregal" Ihres Kindes verstaut haben, braucht es auch im vierten Lebensjahr: Stifte (Wachsmalkreiden, Tafelkreiden, Buntstifte etc.), Farben (Wasserfarben, Fingerfarben), Pinsel (möglichst dicke mit flacher und runder Spitze), Knetmasse (Ton, Plastilin und Ähnliches), viel und großflächiges Papier (es sollte auch buntes Papier dabei sein). Zum Basteln: Perlen, Steine, Karton, Korken und so weiter. Auf Spaziergängen lässt sich zudem jede Menge Naturmaterial zum Basteln finden und sammeln: Gräser, Blätter, kleine Holzstöckchen, Kastanien, Eicheln und so weiter.

Nach wie vor gilt: Das Kind sollte frei malen und gestalten dürfen und seine Werke sollten nicht kritisiert werden. „Verbessert" wird es in seiner Technik durch Vorbild – wenn Sie selbst auch etwas malen oder basteln. Allerdings sollten Ihre Werke nicht so kompliziert sein, dass sie Ihr Kind nicht nachmachen kann. Und natürlich sollen Sie mit Ihrem Kind über seine Werke reden. Es fragen, was es macht oder was auf einer Zeichnung dargestellt ist, was eine Figur bedeutet.

Geben Sie Ihrem Kind auch Anregungen, was es mit seinem Material alles anfangen kann. Hat es keine Lust, auf Ihr Angebot einzugehen und möchte es lieber etwas anderes gestalten, dann akzeptieren Sie das bitte. Im vierten Lebensjahr malen Kinder gerne und viel. Die interessantesten Motive sind Menschen: Mutter, Vater, Freunde. Aber auch Tiere, Häuser, Bäume, Blumen, Sonnen und alles, was dem Kind täglich begegnet, findet sich in seinen Bildern wieder.

Drei- bis Vierjährige können noch nicht gegenständlich malen. Sie machen Strichmännchen und füllen sie mit Farben aus. Stellen Sie Ihrem Kind möglichst viele verschiedene Farben zur Verfügung und bringen Sie ihm spielerisch die Unterscheidung bei, denn jetzt will das Kind wissen: „Welche Farbe ist das?" Und was kommt heraus, wenn man zwei Farben zusammen mischt? Am Ende des vierten Lebensjahres kann es die Grundfarben gut unterscheiden und benennen und wahrscheinlich noch ein paar weitere Farbtöne.

Auch mit anderen Materialien geht das Kind gerne gestalterisch um. Es will bauen, kleben, schneiden. Es kann die Ergebnisse seiner Tätigkeit sehen und jederzeit korrigieren, seine Fähigkeiten selbst weiterentwickeln. Wichtig dabei ist, dass sich das Kind seine Aufgaben selbst stellen darf, dass es Dinge nach eigenen Vorstellungen weiterentwickeln kann, dass es nicht mit einer besonderen Leistung aufwarten muss. Und: dass die Eltern immer Interesse für seine

Sterne, die später am Fenster leuchten

Sie benötigen mehrere größere Bögen buntes quadratisches Papier. Zuerst wird das Papier gefaltet: einmal in der Diagonalen, ein Dreieck entsteht. Dann in der Mitte der längsten Dreieckseite, wieder gibt es ein (kleineres) Dreieck, das nochmals in der Mitte der längsten Seite zu einem noch kleineren Dreieck gefaltet wird. Dann werden mit einer (Kinder-)Schere an allen drei Kanten des Dreiecks kleine oder größere Teile ausgeschnitten. Am Ende wird das Papier wieder auseinandergefaltet und ein wunderschönes Lochmuster kommt zum Vorschein. Den Stern kann man auf andersfarbiges Papier kleben.

Hut: Ein rechteckiges Papier in der Mitte (lange Kante) zusammenfalten. Dann die beiden Ecken der gefalteten Kante nach innen schlagen. Es entsteht ein Dreieck, über einem Rechteck. Die beiden offenen Rechteckteile nach oben falten, eines vorne, das andere hinten. Die überstehenden Teile nach vorne und hinten umknicken. Das Dreieck unten öffnen und auf den Kopf setzen (geht am besten mit Zeitungspapier).

Werke zeigen und sie so akzeptieren, wie sie sind.

Hier finden Sie noch einige Anregungen, die Sie Ihrem Kind vorschlagen oder gemeinsam mit ihm machen können – aber nur, wenn es wirklich Lust dazu hat.

● **Falten:** Anfangs werden Sie noch kräftig mithelfen müssen. Doch nach einiger Übung kann Ihr Kind einfachere Sachen schon allein falten. Was vor allem Spaß macht: aus einem Blatt Papier Gegenstände herstellen, die man benutzen kann.

Himmel und Hölle (das wird Ihr Kind jetzt noch nicht nachmachen können, aber es hat bestimmt viel Freude daran, damit zu spielen): Ein quadratisches Papier in beiden Diagonalen falten, dann wieder ausbreiten. Alle vier Ecken in die Mitte falten, das Ganze umdrehen. Wieder alle vier Ecken zur Mitte falten, umdrehen. Die vier Taschen, die sich gebildet haben, werden nach außen gezogen, der Rest in die richtige Form zur Mitte hin gedrückt. Nun können die beiden Innenseiten verschieden bemalt werden. Das Kind steckt seine Finger in die vier Taschen und kann das Spiel nach zwei Seiten öffnen. Es fragt: „Himmel oder Hölle?", der Mitspieler muss zeigen, in welche Richtung sich das Spiel öffnen soll. Hat er die richtige Farbe (für Himmel oder Hölle) erwischt, freut er sich und darf das Spiel als Nächster nehmen.

● **Klebebilder:** Geben Sie Ihrem Kind ein paar Bögen buntes Papier, ein großes weißes Papier, Schere und Klebstoff. Aus dem bunten Papier darf das Kind Teile ausschneiden, die es dann zu einem Bild auf das weiße Papier klebt. Kinder, die noch nicht so gut mit der Kinderschere zurechtkommen, können das Buntpapier auch in verschieden große Stücke reißen und dann aufkleben.

● **Bilderbuch:** Nehmen Sie zwei bis vier Blätter Papier und heften Sie diese am Rand zusammen. Dann darf das Kind mit Buntstiften oder Wachsmalkreiden selbst ein Bilderbuch malen. Es kann sich ganz allein eine Geschichte ausdenken, von der auf jeder Seite ein Teil gezeigt wird (das können Kinder allerdings erst gegen Ende des vierten Lebensjahres oder noch später). Es gilt aber auch, wenn auf jeder Seite nur ein paar Kritzeleien sind.

Sie können Ihrem Kind aber auch ein paar Tipps für eine Geschichte geben: zum Beispiel ein Hund, der eine Straße entlangläuft – wo kommt er überall vorbei? Oder ein Kind, das vom Kindergarten nach Hause geht, ein Besuch im Zoo, ein Geburtstagsfest und so weiter.

Das Kind kann auch einfach frei drauflos malen und anschließend die Geschichte selbst erzählen. Wenn noch Platz auf den einzelnen Seiten ist, können Sie die Geschichte dazu schreiben.

Ein Bilderbuch lässt sich auch kleben. Geben Sie dafür Ihrem Kind am besten einen möglichst dicken, alten

Katalog. Da kann es Gegenstände ausschneiden und auf die Seiten kleben.

- **Fantasiebilder:** Geben Sie Ihrem Kind ein Blatt Papier, etwa DIN A4 groß. Es wird in der Mitte gefaltet, dass es ein „Buch" wird. Dann wird das Buch aufgeschlagen und in die Mitte ein dicker Farbklecks gemacht (anfangs nur eine Farbe, später können auch zwei oder drei verwendet werden). Dann wird das Buch wieder geschlossen und mit den Fingern von der Bruchkante her nach außen über das Papier gestrichen. Wenn man jetzt das Buch wieder aufmacht, hat man ein wunderschönes, symmetrisches Fantasiebild vor sich. Das Kind darf sich ausdenken, was es darstellt.

- **Krokodil:** Auf festes Papier oder Karton ein Krokodil mit einer langen Schnauze malen und ausschneiden. Den Unterkiefer getrennt ausschneiden. Mit einer Musterklammer den Unterkiefer am Oberkiefer befestigen. Der Unterkiefer bleibt beweglich, das Krokodil kann „beißen".

- **Puppenwagen:** Der lässt sich leicht aus den Deckeln von zwei Eierkartons basteln. Ein Deckel bildet den Wagen, vom anderen wird die Hälfte abgeschnitten und als Dach aufgeklebt. Als Räder dienen zwei schmale Papprollen (zum Beispiel vom Toilettenpapier). Sie werden unter den Wagen gelegt und links und rechts mit Klebestreifen befestigt (natürlich drehen sie sich nicht). Als Handgriff verwendet man einen Streifen festes Papier.

Verkehrsspiele

Spätestens jetzt sollten Sie mit der Verkehrserziehung beginnen. Zwar lassen Sie Ihr Kind noch nicht alleine auf die Straße, doch wenn es einmal so weit ist, muss es die wichtigsten Regeln längst beherrschen. Am besten lernt Ihr Kind durch Ihr Vorbild. Gehen Sie also nur bei „Grün" über die Straße, lassen Sie sich nie auf gefährliche Situationen ein (schnell noch über die Straße laufen), gehen Sie immer auf dem Fußweg oder auf Landstraßen auf der linken Straßenseite und versuchen Sie auch als Autofahrer so umsichtig und rücksichtsvoll wie möglich zu sein. Nehmen Sie sich Zeit und rennen Sie nicht hektisch mit dem Kind an der Hand durch den Straßenverkehr. Sprechen Sie mit Ihrem Kind darüber, erklären Sie ihm auf jedem Weg das richtige Verkehrsverhalten. Bringen Sie ihm bei, dass man niemals auf die Straße rennt, weder einem Ball hinterher noch einem anderen Kind. Auch zwischen zwei parkenden Autos darf man nicht auf die Straße gehen. Besser, man macht den Umweg zum nächsten übersichtlichen Übergang. Machen Sie Ihr Kind auf verschiedene Verkehrszeichen aufmerksam. Zeigen Sie ihm Bilder, erklären Sie das Zeichen und fordern Sie es auch im Verkehr auf, solche Zeichen zu sehen.

- **Aufpassen:** Wenn Sie mit Ihrem Kind über die Straße gehen, etwa am Zebrastreifen, nehmen Sie Blickkontakt zu den stehenden Autos auf

Die Welt ist bunt mit Farben

Rot und Blau gibt Violett, Blau und Gelb Grün, Gelb und Rot Orange. Am besten lassen sich Wasserfarben oder Fingerfarben mischen. Lassen Sie Ihr Kind auch ausprobieren, welche Farbe herauskommt, wenn es alle drei oben genannten mischt. Damit das Mischen interessanter wird, kann das Kind etwa einen bunten Blumenstrauß malen. Zeigen Sie ihm auch, dass sich bei unterschiedlichen Lichtverhältnissen Farben verändern: Wenn Sie die Vorhänge zuziehen, eine Lampe direkt draufscheinen lassen, ein Stück bunten Stoff vor eine Taschenlampe halten und damit auf das Bild leuchten.

und heben Sie die Hand. Ihr Kind soll es genauso machen.

● **Erst links, dann rechts, dann gradeaus. Dann kommst du sicher gut nach Haus:**
• Ihr Kind führt Sie: Üben Sie mit Ihrem Kind die Straße zu überqueren, das heißt, Sie bleiben am Straßenrand stehen, wenden den Kopf deutlich nach links und rechts und gehen erst dann los. Dabei lernt Ihr Kind gleich spielerisch links und rechts zu unterscheiden. Lassen Sie sich von Ihrem Kind richtig über die Straße führen.
• Fahren helfen: Wenn Sie mit Ihrem Kind im Auto unterwegs sind, kann es Ihnen beim Fahren helfen. Es achtet auf Ampeln und wichtige Verkehrszeichen und macht Sie darauf aufmerksam (das macht zugleich aus einer langweiligen Autofahrt eine interessante).

● **Ich sehe was, was du nicht siehst:** Spielen Sie mit Ihrem Kind dieses Spiel und lassen Sie es Verkehrszeichen entdecken. Etwa: Ich sehe was, was du nicht siehst, und das ist rot.
Jetzt soll Ihr Kind Verkehrszeichen mit rotem Rand finden. Dann darf das Kind Sie suchen lassen.

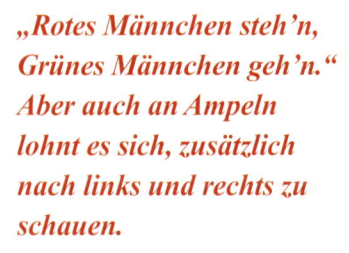

„Rotes Männchen steh'n, Grünes Männchen geh'n." Aber auch an Ampeln lohnt es sich, zusätzlich nach links und rechts zu schauen.

● **Alles sehen:** Kinder sehen im Straßenverkehr viel weniger als Erwachsene. Häufig werden sie auch selbst schlechter gesehen. Machen Sie Ihr Kind deshalb auf alles aufmerksam, das man besonders gut oder besonders schlecht sehen kann. Das geht beim Spaziergang ebenso wie beim Autofahren. Erst suchen Sie die gut sichtbaren Dinge (Frau mit rotem Schirm, einen großen, grünen Baum etc.), dann die schlecht sichtbaren. Dann muss Ihr Kind suchen ...

Bewegungsspiele

Die nachfolgenden Spiele verstehen sich als Ergänzung zu dem, was Ihr Kind sowieso schon macht: klettern, rennen, springen, toben und so weiter. Sie fördern ganz gezielt Geschicklichkeit, Körperbeherrschung, Gleichgewichtssinn und Koordinationsfähigkeit.

● **Baum:** Das Kind steht auf einem Bein. Das zweite Bein ist angewinkelt, der Fuß wird am Knie des ersten Beins abgestützt. Die Arme sind gerade nach oben über den Kopf gestreckt, die Fingerspitzen berühren sich. Anfangs muss das Kind wahrscheinlich noch sanft von hinten festgehalten werden, damit es nicht umfällt.

● **Stuhlspringen:** Das Kind soll auf einen Stuhl steigen (anfangs reicht auch ein niedriger Schemel), dann herunterspringen, unter dem Stuhl durchkriechen (oder um den Schemel herum), dreimal auf der Stelle hüpfen, über den Stuhl auf den Tisch steigen und wieder zurückklettern (oder über Schemel und Stuhl auf den Tisch und wieder zurück). Dann das Ganze von vorne.

● **Flugzeug:** Mit gestreckten Beinen gerade stehen, die Arme strecken und zur Seite ausbreiten. Wenn der Motor angelassen wird, die Arme auf und ab bewegen.

● **Rollen:** Das Kind legt sich auf den Boden, streckt die Arme gerade über den Kopf, auch die Beine sind gestreckt. Dann rollt es vom Bauch auf den Rücken, wieder auf den Bauch, auf den Rücken ...

● **Pferd und Kutscher:** Sie haben die Enden eines Seils in je einer Hand und sind der Kutscher. Das Kind ist das Pferd. Es hat das Seil um den Bauch herum und springt durch die Wohnung, nach Ihren Kommandos: schneller, langsamer, Galopp, Trab, links, rechts, höher und so weiter. Danach wird gewechselt.

● **Brücke:** Das Kind macht mit seinem Körper eine Brücke: mit den ausgestreckten Händen am Boden aufstützen, Beine gestreckt, Po hoch oben. Sie rollen einen Ball unter der Brücke durch.
Manchmal ist die Brücke gesperrt – das Kind geht in die Hocke, sodass der Ball nicht durch kann.

● **Schlange:** Auf den Boden legen, mit ausgestreckten Armen und Beinen. Dann über den Boden kriechen, wie eine Schlange. Dabei zischen und ab und zu den Kopf und Oberkörper hochheben (mit ausgestreckten Armen), so als wenn die Schlange sich aufrichtet.

● **Balljagd:** Das Kind rollt einen Ball von sich weg, läuft ihm nach und nimmt ihn wieder auf. Dann lässt es ihn wieder von sich wegrollen und läuft ihm nach.
Je schneller es den Ball erwischen will, desto mehr muss es sich bemühen, so schnell zu laufen, wie der Ball rollt.

● **Wettlauf:** Von einer bestimmten Stelle aus einen Punkt ausmachen und losrennen. Wer als Erster ankommt, hat gesiegt.
Auch dieser Wettlauf kann verschärft werden, zum Beispiel durch Krabbeln, in der Hocke hüpfen, auf allen vieren und so weiter.

● **Tauziehen:** Jeder bekommt ein Ende von einem Strick oder einer Kordel in die Hand. Am Boden wird eine Linie markiert (in der Wohnung kann das ein Kissen oder ein Spielzeug sein, im Freien kann man einen Strich aufs Pflaster malen oder in den Sand ziehen). Jetzt muss jeder Mitspieler ganz fest ziehen und versuchen, den anderen über die Linie zu befördern.
Wenn ein Erwachsener mitspielt, muss er auch das Kind mal gewinnen lassen (aber nicht jedes Mal). Mit einem etwa gleichgroßen Kind geht es natürlich besser.

Imagination – Figuren nachlaufen

Dieses Spiel geht am besten auf einer Wiese oder einem großen Platz. Alle Teilnehmer laufen grundsätzlich mit ausgestreckten Armen.
Gemeinsam wird zuerst festgelegt, welche Figuren „nachgelaufen" werden sollen, wobei sich natürlich einfache Formen besonders dazu eignen. Dies sind zum Beispiel: ein Ei, eine Brezel, ein Ball, ein Blatt oder ein Buch. Schwieriger wird es dann bei einem Auto, einem Haus, einem Tisch und so weiter.

Im Eifer des Spiels nicht vergessen: Kinder brauchen Erfolgsgefühle zur Selbstbestätigung – also das Kind öfter mal gewinnen lassen.

● **Hund:** Auf allen vieren (Arme und Beine gestreckt) durch die Wohnung laufen.
Dann auf zwei Beinen und einem Arm (ist am Anfang noch sehr schwierig) und auf zwei Armen und einem Bein (der Hund hat sich eine Pfote verletzt).

● **Holzhacker:** Beide Arme gestreckt über den Kopf, die Hände gefaltet zu einer Faust. Dann mit der Faust nach unten (den Rumpf beugen), so als wenn man auf einen Holzbock einschlägt. Das Spiel so oft wiederholen, wie es Ihrem Kind Spaß macht.

● **Windmühle:** Das Kind steht mit leicht gegrätschten Beinen und hält einen Arm ausgestreckt nach oben, den anderen nach unten. Dann werden die Arme im Wechsel, wie bei einer Windmühle, von oben nach unten „gedreht".

● **Hüpfen und Klatschen:** Das Kind liegt auf dem Rücken (oder auf dem Bauch, am besten abwechselnd). Auf Kommando springt es auf, klatscht dreimal in die Hände und legt sich wieder hin. Alles so schnell wie möglich.

● **Groß und klein:** Bei „groß" auf die Zehenspitzen stellen und die Arme ganz weit nach oben strecken. Bei „klein" in die Knie gehen, den Kopf vornüber nach unten hängen lassen – mit den Händen am Boden aufstützen.

● **Fangen:** Alle Arten von Fangspielen sind ideal.
Das einfache Hinterherlaufen und Abschlagen kann variiert werden: Auf einem Bein hüpfend fangen (der andere darf natürlich auch nur auf einem Bein weghüpfen), in die Knie gehen und im Entenwatschelgang fangen, auf allen vieren laufend fangen und so weiter.

● **Hochziehen:** Sie sitzen Ihrem Kind im Schneidersitz gegenüber und nehmen es leicht bei den Händen. Dann ziehen Sie sich gegenseitig hoch, bis Sie beide stehen.
Besonders Geschickte lassen sich mit den vom Schneidersitz noch gekreuzten Beinen langsam wieder nach unten, um sich dann gleich wieder hochzuziehen.

● **Storch:** Auf einem Bein stehen, das andere in der Kniekehle abgeknickt nach hinten strecken. Der Oberkörper ist ein wenig nach vorne gebeugt, der Kopf schaut nach unten. Die Handflächen berühren sich vor der Brust.
Variante: Bei einem schlafenden Storch sind die Hände vor der Brust gekreuzt.

Achtes Kapitel

Das fünfte Lebensjahr

Nun hat Ihr Kind das Kleinkindalter endgültig verlassen. Es ist eine kleine, recht eigenständige Persönlichkeit, die bereits in einem gewissen Ausmaß vernünftig reagiert, überlegt, ehe sie handelt, sich auf andere Kinder und Erwachsene einstellen kann und dazu auch bereit ist. Als neue Spielinteressen kommen jetzt Regelspiele hinzu. Kinder interessieren sich für Spielregeln, geben sich oft sogar selbst welche und halten sie auch ein. Die größten Entwicklungsfortschritte macht das Kind in diesem Jahr im kognitiven (Wahrnehmen, Erkennen, Wissen) und sozialen Bereich. Was aber nicht dazu führen sollte, dass es nur noch in diesen beiden Bereichen gefördert wird. Denn schließlich soll sich das Kind ja in seiner gesamten Persönlichkeit positiv entwickeln. Und dazu braucht es die Anregung all seiner Sinne, Möglichkeiten und Fähigkeiten. Fast ebenso wichtig wie die liebevolle und Anteil nehmende Fürsorge der Eltern sind jetzt die Erfahrungen in einer Kindergruppe. Ideal ist es, wenn das Kind in einen Kindergarten gehen kann. Dort macht es die nötigen sozialen Erfahrungen außerhalb der Familie, kann – seinem Bedürfnis entsprechend – mit anderen Kindern spielen und Freundschaften schließen und bekommt jede Menge andere Anregungen (Malen, Basteln, Turnen etc.).

Haben Sie keinen Kindergartenplatz, können Sie Ihr Kind auch einen Kurs oder Spielkreis besuchen lassen. Egal, ob Sie (und Ihr Kind) sich für Malen, Gestalten, Singen, Musizieren oder Turnen (oder eine andere Sportart) entscheiden, wichtig ist, dass der Kurs Ihrem Kind Spaß macht und dass die Inhalte spielerisch vermittelt werden. Jeglicher Drill würde der Entwicklung nur schaden. Denn es kommt in diesem Alter noch nicht so sehr darauf an, dass das Kind eine bestimmte Leistung perfekt hervorbringt. Viel wichtiger ist das Gruppenerlebnis und die Freude daran, gemeinsam mit anderen Kindern (unter Anleitung) etwas Sinnvolles zu tun.

Viel Zeit zum Toben, wenig feste Termine

Achen Sie bei den außerhäuslichen Aktivitäten Ihres Kindes bitte auch darauf, dass sie nicht zu viel werden. Vier- bis Fünfjährige brauchen noch viel Zeit für sich, zum Toben, frei Spielen, Sich-zurück-Ziehen, einmal überhaupt nichts tun, spontan sein. Ein Kind, das jetzt schon einen vollen Terminkalender von Kindergarten, Kursen oder sonstigen Veranstaltungen hat, wird in seiner Entwicklung eher gehemmt als gefördert. Zwei Nachmittage in der Woche als feste Termine sind schon reichlich. Besonders dann, wenn es womöglich vormittags den Kindergarten besucht.

Wie sich der Körper entwickelt

In diesem Jahr wachsen die Kinder ungefähr sechs Zentimeter in die Länge. Von der durchschnittlichen Größe am Ende des vierten Lebensjahres – Jungen 111, Mädchen 110 Zentimeter – gelten fünf bis sechs Zentimeter Abweichung nach oben und unten als normal.

An Gewicht nehmen Kinder rund zwei Kilogramm in diesem Jahr zu. Bei vielen zeichnet sich schon ein Gestaltwandel, hervorgerufen durch die unterschiedliche Wachstumsgeschwindigkeit einzelner Körperabschnitte, ab, der im nächsten Jahr noch deutlicher wird: Der Rumpf streckt sich, die Extremitäten (Arme und Beine) werden länger. Deshalb wirken viele Kinder plötzlich sehr schlank. Individuelle Unterschiede sind jetzt auffällig.

Die Organe sind schon sehr stabil, Nervensystem und Gehirnfunktionen vervollkommnen sich. Gegen Ende des Jahres ist die Vorsorgeuntersuchung (U9) vor der Einschulungsuntersuchung fällig. Dabei werden die Organsysteme, die Haltung, Koordinationsfähigkeit, Feinmotorik, Gehör, räumliches Sehen und der Urin auf mögliche Störungen oder Erkrankungen untersucht.

Die motorische Entwicklung

Nach wie vor klettert, turnt und tobt das Kind in diesem Jahr noch viel herum. Weil es seinen Körper aber immer besser beherrschen, seine Körperteile benennen und immer gezielter einsetzen kann, weitet es seinen Aktionsradius erheblich aus. Es benutzt bevorzugt „Geräte" für seinen Bewegungsdrang. Es steigt auf Klettergerüste, liebt Rutschbahnen, Schaukeln, das Fahrrad, den Roller oder ein Tretauto. Rollschuhe, Schlittschuhe oder auch Skier sind ideale Geschenke. Denn es lernt die Beherrschung dieser Sportgeräte sehr leicht und freut sich, dass es sich damit noch schneller bewegen kann.

Ein selbst gebasteltes Jo-Jo macht Spaß

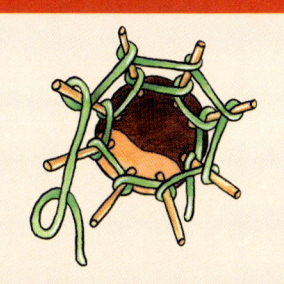

Diese Art Jo-Jo wird mit einer Kastanie, Holzstücken und einer Schnur gefertigt.
In die Kastanie werden dazu in einem Kreis acht gleich lange Hölzer gesteckt. An einem wird eine lange Schnur angeknotet und diese dann jeweils wie abgebildet um ein Holz gelegt. Je öfter die Schnur um das Jo-Jo läuft, desto länger dauert die Freude beim „Abspulen". Für die nötige Höhe einfach auf einen Stuhl steigen.

Auch feinmotorisch geht die Entwicklung rasch voran. Tätigkeiten wie Kartoffeln schälen, Teig rühren, Schnüre „stricken", abtrocknen, Nägel einschlagen, etwas zusammenschrauben und so weiter sind beliebt und fördern diese Fähigkeiten optimal. Selbstverständlich brauchen Eltern dabei Geduld und Toleranz.

Die geistige Entwicklung

Kinder lernen in diesem Jahr verblüffend leicht und viel. Das Gedächtnis bringt Höchstleistungen, die Wahrnehmung, vor allem die Sehfähigkeit, steigert sich beträchtlich. Rhythmische Melodien oder Reime – auch ziemlich lange – lernt ein Kind rasch auswendig. Bilderbuchgeschichten oder Märchen, die ihm öfter vorgelesen wurden, kann es beinahe wörtlich nacherzählen. Das hängt einmal mit dem großen geistigen Interesse zusammen – das Kind will immer mehr wissen – und auch damit, dass es sich mit den Personen einer Geschichte oder eines Märchens identifiziert, in seiner Fantasie selbst der Prinz oder der Held ist und im Spiel so handelt wie er. Diese gefühlsmäßige Aktivität und Offenheit sind optimale Bedingungen, sich etwas einzuprägen und zu lernen.

Sprachlich wird das Kind immer gewandter. Der Wortschatz ist nochmals gewachsen, die Sätze werden länger und komplizierter. Immer stärker benutzt das Kind die Sprache, um seine Wünsche zu äußern, etwas abzulehnen, Kontakt mit anderen aufzunehmen. Es will nicht mehr nur zuhören, sondern mitreden. Es drängt sich oft – wenn nötig mit sanfter Gewalt – in die Gespräche der Erwachsenen. Weil es sich auch die schwierigsten Redewendungen gut merken kann und sie natürlich sofort wieder anwendet, wirkt es manchmal fast ein wenig altklug.

Imitationsfreude und sprachliche Gewandtheit

Doch davon sollte man sich nicht abschrecken lassen. Sprechen macht jetzt einfach Spaß. Und nicht alles, was das Kind so daher plappert, versteht es auch wirklich. Es imitiert nur zu gerne die Erwachsenen, die sein großes Vorbild sind. So kommt es auch, dass sich Schimpfwörter jetzt großer Beliebtheit erfreuen. Weniger, weil das Kind damit jemanden kränken oder seinen Zorn ausdrücken will. Vielmehr wegen des Klangs, der Bildhaftigkeit sowie der Reaktionen und Aufmerksamkeit, die es damit erreichen kann.

Das Fragealter ist noch lange nicht vorbei. Wie, warum und was bezieht sich allerdings auf die weite Umwelt, und viele Fragen sind so schwierig (etwa: „Warum kann ein Flugzeug fliegen?", oder: „Gibt es in Amerika Elefanten?"), dass es Erwachsenen schwer fällt, sie zu beantworten. Dennoch sollten Sie versuchen, so gut es geht darauf einzugehen und die Fragen kindgemäß zu beantworten. Auch dann, wenn es immer wieder die gleichen stellt.

Wie differenziert ein Kind jetzt schon denken kann, zeigt sich auch daran, dass es die Dinge unter abstrakte Oberbegriffe einordnet. Zum Beispiel weiß es, dass Auto, Roller, Zug und so weiter „Fahrzeuge" sind, Tiere und Menschen „Lebewesen", Hammer, Zange und Säge „Werkzeuge" und so weiter.

Durch die sprachliche Gewandtheit und die Imitationsfreude des Kindes wirkt es häufig klüger, als es in Wahrheit ist. Das birgt aber die Gefahr, dass es überfordert wird. Um eine Überforderung zu vermeiden, sollten Sie als Eltern Fragen auch dann noch geduldig beantworten, wenn sie schon des Öfteren gestellt wurden.

Der Hinweis: „Denk doch mal nach, du weißt das doch schon", hilft Ihrem Kind meist nicht weiter, sondern verunsichert es nur. Außerdem sollten Sie zu Ihren Anweisungen möglichst genaue Erklärungen geben. Erstens kann Ihr Kind dann leichter einsehen, warum es etwas tun oder lassen soll, und zweitens lernt es dabei auch gleich Zusammenhänge kennen, die es weiterbringen.

Die soziale Entwicklung

Das Kind wird jetzt immer selbstständiger. Es bleibt schon mal alleine bei Freunden oder Nachbarn, geht (wenn es nicht weit ist) sogar alleine hin. Auf der anderen Seite lädt es auch gerne Kinder zu sich ein und spielt den Gastgeber. Überhaupt will es jetzt möglichst viel von dem tun, was auch Erwachsene machen. Es bedauert häufig, nicht schon „groß" zu sein, um alles tun zu können, was seine Vorbilder, die Erwachsenen, tun.

Seine Meinung und Wünsche drückt es differenziert und sprachlich aus. Reicht die Sprache allerdings nicht

Endlich „groß" sein und alles wie die Erwachsenen machen – das wär's.

mehr aus, gebraucht es schon mal die Fäuste, um den Worten genügend Nachdruck zu verleihen. Wenn das beim Spiel mit Gleichaltrigen passiert, sollten Erwachsene sich möglichst wenig einmischen. Und wenn, müssen Sie behutsam eingreifen und versuchen, keines der Kinder zu kränken (auch den „Schläger" nicht). Meistens sind solche Auseinandersetzungen sehr schnell wieder beigelegt, wenn die Kinder dies unter sich ausmachen können. Denn kein Vier- bis Fünfjähriges spielt gern allein. Es will seinen Spielkameraden nicht auf Dauer verärgern und wird deshalb auch schnell wieder einlenken, wenn es einmal rabiat gewesen ist.

Am schönsten ist Spielen jetzt in einer Gruppe von drei bis vier Kindern.

In einer solchen Gruppe herrscht ein ausgeprägtes „Wir-Gefühl", was für neu Hinzukommende allerdings schwierig werden kann. Denn die Gruppe lässt ungern einen Neuen herein, sie empfindet ihn zunächst als Störenfried.

Das ist weiter kein Drama, denn schon am nächsten Tag kann die Gruppe ganz anders zusammengesetzt sein. Was Kinder jetzt in der Gruppe üben und lernen ist Kommunikationsfähigkeit (den anderen anhören, andere Meinungen gelten lassen, die eigene Meinung einbringen etc.), Rücksichtnahme, Kooperationsfähigkeit (gemeinsam eine Aufgabe bewältigen, zu der jeder seinen Teil beiträgt) und Solidarität (mit anderen Menschen).

Spiele

Spielt Ihr Kind mit anderen Kindern oder ist es alleine mit etwas beschäftigt, stören Sie es nicht dabei. Erwachsene sollten jetzt nur noch in das Kinderspiel eingreifen, wenn etwa heftige Streitigkeiten ausgebrochen sind und die Kinder sich nicht mehr alleine einigen können oder wenn sich die Kinder (oder das Kind alleine) sichtlich langweilen. Natürlich können und sollen Sie Ihrem Kind und seinen Freunden auch weiterhin Anregungen zum Spielen geben und Vorschläge machen. Häufig werden die Kinder Ihre Vorschläge auch begeistert aufgreifen. Wenn sie einmal nicht wollen, machen Sie einen anderen Vorschlag oder lassen Sie die Kinder das tun, wozu sie gerade Lust haben.

Es kann durchaus vorkommen, dass Ihr Kind längere Zeit (Tage, manchmal sogar Wochen) immer dasselbe Spiel spielt. Zum Beispiel ein bestimmtes Rollenspiel, oder es malt, bastelt, singt oder turnt längere Zeit hintereinander, schaut Bilderbücher an, spielt mit Plüschtieren oder Puppen und hat zu etwas anderem keine Lust. Das macht nichts, lassen Sie es.

Denn auch dabei wird seine Entwicklung gefördert.

Für weitere gezielte Förderspiele bleibt sicher trotzdem noch viel Zeit und es bieten sich auch noch reichlich Gelegenheiten.

Eine nach wie vor bedeutsame Rolle nehmen Rollenspiele ein. Insbesondere „Familienspiele" mit Puppen, Puppenhaus oder anderen Kindern. Hier stellt das Kind die eigene Familie dar, wie es sie sieht oder sich wünscht. Dabei werden Konflikte und Ängste be- und verarbeitet. Für Rollenspiele sollten Kinder Requisiten zur Verfügung haben: alte Kleider von Erwachsenen, Geschirr, Taschen, Polster, Putzutensilien, Kartons, Dosen, Füllmaterialien, Decken, Tücher und so weiter. Also, ehe Sie etwas wegwerfen, überlegen, ob es nicht Ihr Kind noch brauchen könnte. Die nachfolgenden Spielvorschläge können Sie mit Ihrem Kind alleine oder mit mehreren Kindern verwirklichen.

Spiele für die Sinne

Die Wahrnehmungen, die ein Mensch über die Sinne macht – sehen, hören, riechen, schmecken, tasten – regen die Denktätigkeit direkt an. Alle Reize, die die Sinnesorgane erhalten, werden zuerst ans Gehirn geleitet und müssen dort verarbeitet werden. Optimale Wahrnehmungsfähigkeit ist die beste Voraussetzung für die Denktätigkeit.

● **Kennst du das?:** Machen Sie beim Spaziergang, beim Einkaufen, beim Autofahren mit Ihrem Kind dieses Spiel. Zum Beispiel: Wie heißt diese Blume, was ist das für eine Hunderasse, welche Form hat dieses Hausdach, welche Farbe oder Marke hat dieses Auto (sehr beliebt), wie heißt die Maschine, die da auf der Baustelle steht? Einmal fragen Sie, dann das Kind. Weiß Ihr Kind noch keine Antwort, dürfen Sie Ihre Frage auch selbst beantworten.

● **Gerüche raten:** Kinder haben einen erheblich besser ausgeprägten Geruchssinn als Erwachsene. Meist machen sie begeistert mit bei diesem Rätselspiel: Stellen Sie mehrere Dinge mit unterschiedlichen Gerüchen auf dem Tisch auf – etwa eine Parfümflasche, ein Senfglas, ein Glas Orangensaft und so weiter. Lassen Sie das Kind erst mit offenen Augen daran schnuppern und danach muss es mit geschlossenen Augen „erriechen", was es ist.

● **Augen zu, Mund auf:** Dieses Spiel mögen Kinder sehr gern. Sie schlie-

Ist alles gleich oder gibt es Unterschiede?

Oft findet man in Zeitschriften auf der Rätselseite zwei gleiche Bilder, die aber doch an einigen Stellen verschieden sind. Kindern macht es meist viel Spaß, diese Unterschiede herauszufinden. Sind diese noch zu kompliziert, können Sie auch selbst solche Bilder herstellen, die Ihr Kind entschlüsseln kann. Kaufen Sie dazu von einer (billigen) Zeitschrift zwei Exemplare und verändern Sie dann bei einem Bild einige markante Details.

Altersgerechte Memory-Spiele berücksichtigen die differenzierte Wahrnehmungsfähigkeit Ihres Kindes.

ßen die Augen und etwas Essbares wird von der Mutter in ihren Mund gelegt. Meist haben sie es ganz schnell erraten, was sie da Leckeres zum Schmecken bekommen haben. Natürlich darf es nichts sein, was dem Kind nicht schmeckt oder was es nicht kennt.

- **Altersgemäße Bilderbücher schärfen das Sehen von Details:** Lassen Sie Ihr Kind die Bilder genau betrachten, ehe Sie das Buch zum ersten Mal vorlesen. Ihr Kind kann zu den Bildern bereits eine Geschichte erzählen, wenn es sieht (und kombiniert), was auf den einzelnen Bildern vor sich geht.

- **Das Beutelspiel kann auch noch „verschärft" werden:** Das Kind fasst hinein, erfühlt etwas und muss es beschreiben, ehe es den Gegenstand herausnehmen darf. Etwa: „klein, rund und hat ein Loch in der Mitte" (das wäre eine Holzperle). Sind mehrere Kinder dabei, kann man auch die anderen raten lassen, was das Kind gefunden hat.

- **Krabbelbeutel:** Legen Sie in einen Beutel oder eine Tüte einige Gegenstände, deren Oberfläche sich unterschiedlich anfühlen soll. Jetzt darf das Kind mit beiden Händen in den Beutel fassen ohne hineinzusehen. Es muss ertasten, was darin ist. Hat es einen Gegenstand erraten, wird er aus der Tüte genommen. Das Spiel bekommt einen größeren Reiz, wenn im Beutel neue Spielsachen liegen und das Kind immer das bekommt, was es erraten hat (eignet sich auch sehr gut für den Kindergeburtstag, bei dem dann jedes Kind einmal „fühlen" darf).

- **Legen Sie viele verschiedene kleine Dinge bunt durcheinander auf den Tisch:** Wäscheklammern, verschieden große und verschiedenfarbige Bausteine, Kaffeelöffel, Knöpfe, Murmeln, Perlen und so weiter. Das Kind soll nun alle Dinge, die völlig gleich aussehen, heraussortieren.

- **Hörrohr:** Geben Sie Ihrem Kind eine Papprolle und zeigen Sie ihm, dass man damit Geräusche verstärken kann: die eigene Stimme, das Ticken einer Uhr, das Herzklopfen. Ihr Kind kann selbst herausfinden, was man alles besser hört, wenn man das „Hörrohr" dicht ans Ohr und an einen anderen Gegenstand hält.

Musik und Rhythmus

Nach wie vor sollen Kinder Musik und Geräusche selbst machen dürfen, so viel und so lange es ihnen Spaß macht. Singen, Tanzen, Klatschen gehören dazu. Jetzt können Kinder auch schon einfache Lieder auf dem Glockenspiel oder dem Xylophon nachspielen, wenn man sie ihnen vorspielt (etwa „Alle meine Entchen" oder „Hänschen klein").

● **Rhythmus klopfen:** Geben Sie Ihrem Kind zwei Schlaghölzchen (es geht auch mit einer Kindertrommel oder einem anderen „Klopfinstrument"), mit denen es aufeinander klopfen kann. Sie selbst klopfen den Rhythmus ebenfalls mit. Dann klopfen Sie (das Kind macht es Ihnen nach) laut, leise, schnell, langsam. Hören Sie auf und lassen Sie das Kind alleine weiter klopfen. Wenn Sie „hopp" sagen, soll das Kind den Rhythmus ändern: schneller, langsamer, lauter, leiser. Dies macht viel Spaß und lässt sich auch sehr gut mit mehreren Kindern spielen.

● **Instrumente:** Neben den Instrumenten, die Ihr Kind jetzt schon hat (Xylophon, Glockenspiel, Trommel, Clarina, Triangel etc.), gibt es noch einige, die Sie selbst „bauen" können und mit denen sich vortrefflich „Musik" machen lässt: Blechdosen, mit Knöpfen gefüllt, zum Schütteln, Trichter, in die hineingeblasen wird, Flaschen (gefüllt oder leer) zum Anschlagen, gewellte Pappe zum Raspeln, Zigarrenkisten, mit Gummis oder Schnüren bespannt, als Zupfinstrumente, Töpfe zum Trommeln.

● **Wenn Sie ein Glockenspiel oder ein Xylophon haben, können Sie Ihr Kind einen Ton finden lassen:** Sie schlagen einen Ton an, Ihr Kind darf dabei nicht zusehen. Dann soll es den Ton herausfinden. Natürlich muss es erst probieren, bis es den richtigen gefunden hat. Wenn das Kind schon sehr geübt ist, kann es auch nach zwei Tönen suchen.

● **Hohe und tiefe Töne:** Spielen Sie auf einem Xylophon, Klavier oder einer Flöte die Töne von unten nach oben, von oben nach unten. Das Kind soll hören, welches der höchste, der tiefste Ton war. Wahrscheinlich will es die Töne erst selbst nachspielen, um nochmals ganz genau hinzuhören.

● **Sing- und Tanzspiele:** Das Kind macht zu jeder Strophe die passenden Handbewegungen. Die ersten beiden Zeilen bleiben immer dieselben:

Wer will fleißige Handwerker sehn,
Der muss zu uns Kindern gehn.
1. Stein auf Stein, Stein auf Stein.
Das Häuschen wird bald fertig sein.
2. O wie fein, o wie fein,
Der Glaser setzt die Scheiben ein.
3. Tauchet ein, tauchet ein,
Der Maler streicht die Wände fein.
4. Zisch, zisch, zisch –
Zisch, zisch, zisch,
Der Tischler hobelt glatt den Tisch.
5. Poch, poch, poch –
Poch, poch, poch,
Der Schuster schustert zu das Loch.
6. Stich, stich, stich –
Stich, stich, stich,
Der Schneider näht ein Kleid für mich.
7. Rühre ein, rühre ein,
Der Kuchen wird bald fertig sein.
8. Trapp, trapp, drein –
Trapp, trapp, drein,
Jetzt gehn wir von der Arbeit heim.

Hör genau hin – um was handelt es sich da?

Machen Sie Ihrem Kind Geräusche von Tieren (Hund, Katze, Kuh, Schaf, Hahn, Pferd) vor und es muss raten, um welches Tier es sich handelt. Auch Geräusche etwa von einem Martinshorn (Feuerwehr, Polizei), einer Eisenbahn, einem Flugzeug oder einem Autos können Sie es raten lassen. Dann darf das Kind selbst Geräusche machen und Sie müssen raten.

• Tanz mit mir: Zwei Kinder stehen sich gegenüber, reichen sich, wie es im Lied vorkommt, die Hände, wiegen sich einmal zur einen, dann zur anderen Seite und drehen sich am Schluss gemeinsam im Kreis. Bei den anderen Strophen machen sie immer das, was gerade gesungen wird: in die Hände klatschen, mit den Füßen trampeln, mit dem Kopf nicken und mit dem Finger den anderen anticken:

1. Liebe Schwester, tanz mit mir,
Beide Hände reich' ich dir.
Einmal hin und einmal her,
Rundherum, das ist nicht schwer.
2. Mit den Händen
Klapp, klapp, klapp,
Mit den Füßen trapp, trapp, trapp.
Einmal hin und einmal her,
Rundherum, das ist nicht schwer.
3. Mit dem Köpfchen nick, nick, nick,
Mit dem Fingerchen tick, tick, tick.
Einmal hin und einmal her,
Rundherum, das ist nicht schwer.
4. Noch einmal das schöne Spiel,
Weil es uns so gut gefiel.
Einmal hin und einmal her,
Rundherum, das ist nicht schwer.

Gemeinsame Sing- und Tanzspiele machen großen Spaß. Gleichzeitg vermitteln sie Ihrem Kind aber auch Rhythmusgefühl und Gemeinschaftserfahrung.

• Auf der Eisenbahn: Die Kinder stehen herum, eines fängt an, im Kreis zu gehen. Bei „Kinderlein, hängt euch an" hängt sich das zweite Kind an das erste. Das Lied wird so oft gesungen, bis alle Kinder an der „Eisenbahn" hängen:

Auf der Eisenbahn,
Steht ein schwarzer Mann,
Schürt das Feuer an,
Dass man fahren kann.
Kinderlein, Kinderlein,
Hängt euch dran,
Wir fahren mit der Eisenbahn.

• Ri-ra-rutsch: Zwei Kinder fassen sich über Kreuz bei den Händen und gehen vorwärts oder im Kreis. Am Ende des Liedes wird umgedreht und die Gegenrichtung eingeschlagen. Beim Umdrehen dürfen die Hände nicht losgelassen werden!

Ri-ra-rutsch,
wir fahren mit der Kutsch.
Wir fahren mit der Schneckenpost,
Wo es keinen Pfennig kost' –
Ri-ra-rutsch,
wir fahren mit der Kutsch.

• Taler, Taler: Mit mehreren Kindern, die im Kreis stehen. Eines steht in der Mitte und hat eine Münze (oder sonst etwas) in den gefalteten

Händen. Damit geht es während des Liedes von Kind zu Kind, legt seine Hände in die des anderen. Bei irgendeinem Kind lässt es die Münze in dessen Hand fallen. Dann kommt dieses Kind in die Mitte.

Taler, Taler, du musst wandern.
Von der einen Hand zur anderen.
Das ist schön, das ist schön,
Taler, lass dich nur nicht sehn.

Das Spiel kann auch noch auf eine andere Weise gespielt werden: Die Kinder stehen im Kreis, eines in der Mitte. Die Kreiskinder geben während des Liedes einen Gegenstand hinter ihrem Rücken von Kind zu Kind weiter. Das Kind in der Mitte muss raten, wo sich der „Taler" gerade befindet.

● **Klatschen:** Klatschen Sie mit den Händen einen Rhythmus (egal welchen). Das Kind geht dazu im Kreis (klatscht vielleicht selbst mit). Beim langsamen und lauten Klatschen in großen Schritten, je leiser und schneller es wird, desto kleiner werden die Schritte. Bei Rhythmusänderungen kann das Kind auch in die Hocke gehen, hochspringen und so weiter.

Denkspiele

● **Zahlenspiele:** Viele Kinder können schon bis zehn oder sogar bis 20 zählen. Dennoch haben sie meist noch keine rechte Vorstellung davon, was die Zahlen bedeuten. Das tatsächliche Zahlenverständnis und der richtige Umgang damit reicht etwa

Das Verhältnis zu Zahlen und Mengen

Fotokopieren oder pausen Sie die unten stehende Zeichenvorlage ab und legen Sie sie Ihrem Kind mit der Frage vor: „Wie viele Zangen, Schraubenzieher, Sägen, Meißel und Hämmer siehst du auf dem Bild?" Beim Eintrag der jeweiligen Lösung helfen Sie natürlich, da Ihr Kind ja noch nicht schreiben kann.

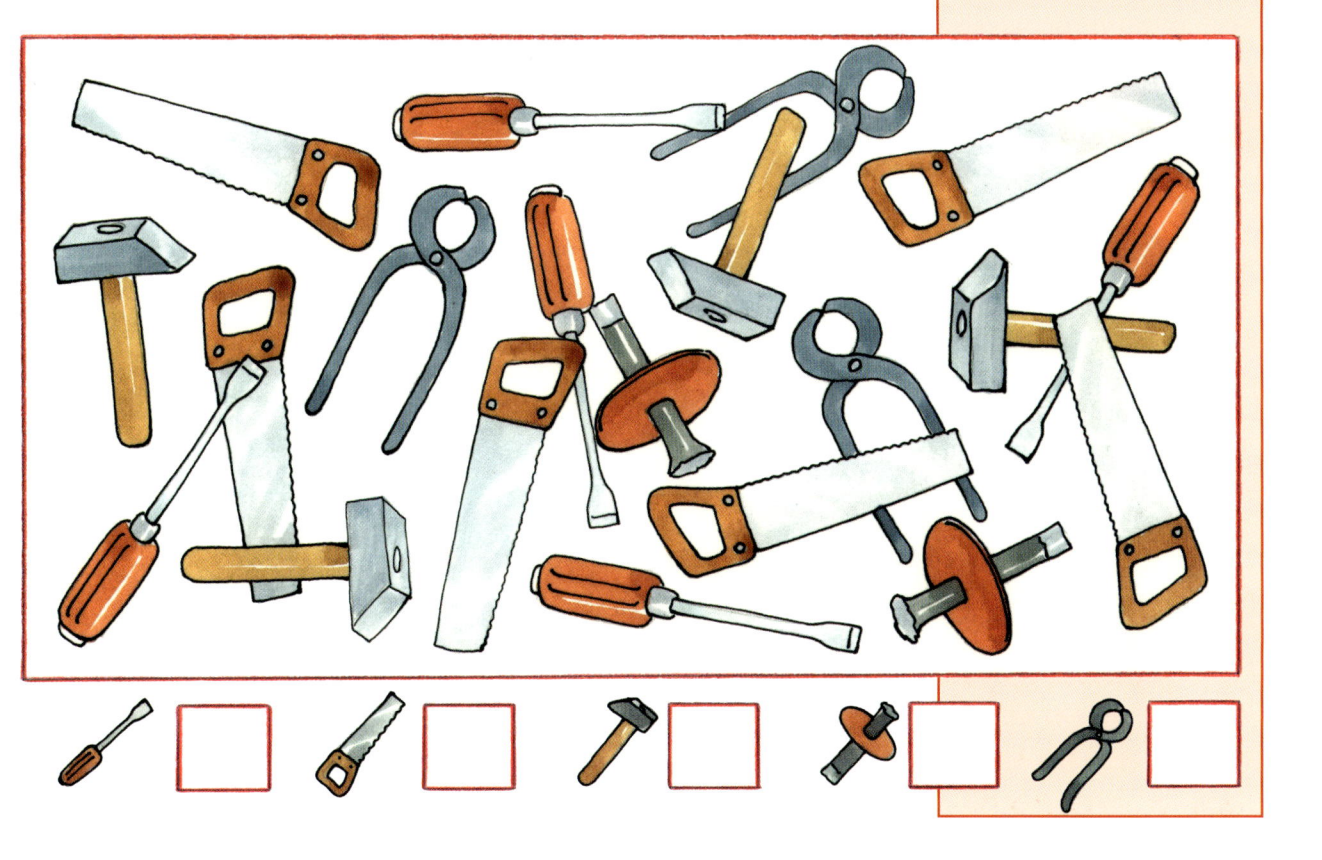

Bleistifte oder bunte Filzstifte sind bei Kindern dieser Altersstufe sehr beliebt, denn damit lassen sich auch kleine Sachen gut zeichnen.

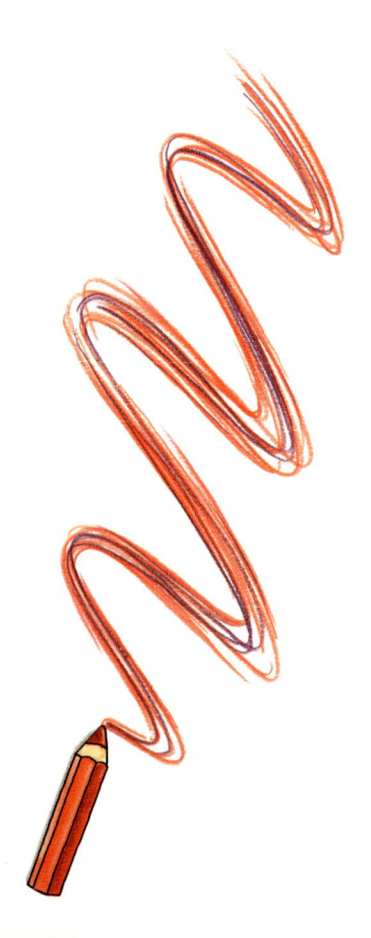

bis vier oder fünf. Zum Beispiel, wenn sie sagen sollen, wie viele Dinge etwa in einem Korb liegen oder wenn sie so und so viel Stück bringen oder zeichnen sollen.

Lassen Sie Ihr Kind Knöpfe (oder irgendetwas anderes) sortieren. Dann soll es immer Häufchen von drei gleichen Knöpfen machen (oder vier oder fünf, je nachdem, wie weit es schon ist).

• Nach dem Einkaufen darf das Kind die Tasche auspacken und zählen: drei Joghurt, eine Butter, zwei Flaschen Milch und so weiter.

• Zum Zählen gibt es den ganzen Tag etwas: beim Frühstück die Teller und Löffel auf dem Tisch, die Brotscheiben im Korb. Beim Kochen die Kartoffeln, die Fleischscheiben, die Eier, die Möhren. Beim Tischdecken Teller, Löffel, Gabeln, Stühle. Beim Aufräumen die Autos, Puppen, Bausteine, Plüschtiere und so weiter.

• Geben Sie Ihrem Kind zwei verschiedene Gefäße – ein breites, flaches und ein schmales, hohes. Dann soll es in jedes Gefäß zehn Knöpfe (oder Murmeln oder Perlen oder kleine Bausteine) tun. Danach fragen Sie: In welchem Gefäß ist mehr drin? Erst nach und nach wird es begreifen, dass gleich viel verschieden hoch oder breit sein kann.

• Ein ähnliches Spiel: Legen Sie vier gleiche Gegenstände (zum Beispiel blaue Bausteine) in eine Reihe von oben nach unten. Daneben noch einmal vier, aber von links nach rechts. Fragen Sie dann, wo liegt mehr. Das Spiel lässt sich noch variieren: Die vier Bausteine werden – zwei und zwei – nebeneinander gelegt oder drei in einer Reihe, eines neben das unterste (oder das oberste).

● **Vergleichen:** Wer (oder was) ist größer, kleiner, länger, kürzer, schwerer, leichter als der (oder das) andere. Solche Vergleichsspiele machen den meisten Kindern jetzt großen Spaß und sie lernen automatisch den Umgang mit verschiedenen Mengen, also abstrakten Begriffen. Als lustige Spielen bieten sich an:

• Die Kinder messen sich untereinander selbst – Rücken an Rücken, die Schuhe müssen vorher ausgezogen werden. Oder sie stellen sich nacheinander an eine Messlatte (zum Beispiel einen Türrahmen). Über jeden Kopf wird ein Strich gemacht.

• Buntstifte, Bausteine, Papier (Zeitung, Schreibpapier, Zeichenblock), Autos, Puppen – alles kann vermessen und verglichen werden.

• Eine Waage mit zwei Waagschalen und Gewichten ist ein ideales Spielzeug, um festzustellen, was alles schwerer und leichter ist.

● **Rätsel:** Sie machen allen Kindern Spaß, können in der Gruppe oder mit einem Kind gelöst werden. Man kann sich damit Wartezeiten (beim Arzt, an der Bushaltestelle usw.) oder langweilige Autofahrten vertreiben. Die Rätsel müssen dem Wissensstand des Kindes entsprechen. Lassen Sie auch Ihr Kind sich Rätsel ausdenken, die Sie erraten müssen.

Einige Beispiele:

Hängt an der Wand und macht tick-tack. (Uhr)

Außen ist es weiß und hart, innen weiß, gelb, weich und schmeckt gut. (Ei)
Außen ist es grün und stachelig, innen braun und glatt. Es ist rund und wächst auf Bäumen. (Kastanie)
Welchen Schuh zieht man nicht an den Füßen an? (Handschuh)
Welches Tier trägt sein Haus auf dem Rücken? (Schnecke)
Auf welcher Treppe muss man nicht gehen und kommt doch an? (Rolltreppe)
Es ist weiß und kalt und fällt vom Himmel. (Schnee)

● **Spiele, die man kaufen kann:** Quartett, Schwarzer Peter, Mensch ärgere dich nicht, Halma oder Mikado sind klassische Regelspiele, die Sie jetzt mit Ihrem Kind schon spielen können.
Achten Sie darauf, dass es die Regeln auch einhält (es ist dazu in der Lage) und dass es nicht schummelt. Verlieren fällt Kindern noch ziemlich schwer. Sie können es jedoch erleichtern, wenn Sie anfangs nur „Gewinner" herauskommen lassen. Und zwar einen ersten, zweiten, dritten Gewinner.

Folgende Kauf-Spiele sind besonders geeignet zur Förderung von Geduld, Kombinationsgabe, genauer Beobachtung, Konzentration, Merkfähigkeit und technischem Verständnis. Außerdem sind sie bei Vier- bis Fünfjährigen außerordentlich beliebt: Bilderlotto, Farbenspiele, Puzzlespiele (zirka 15 Teile), Memory und Konstruktionsspiele.

● **Quiz:** Stellen Sie Ihrem Kind wie ein Quizmaster Fragen, die es schon beantworten kann (die Rollen können auch gewechselt werden und das Kind darf den Quizmaster spielen). Beispiele:
Was ist sauer, Zitrone oder Zucker?
Was schmeckt scharf, Pfeffer oder Salz?
Was ist kälter, Limonade oder Eis?
Was ist ein Nachtisch – Kartoffeln oder Pudding?

● **Reimen:** Welches Wort reimt sich auf …
Haus (Maus)
Hand (Wand)
Stein (klein)
Ball (Knall)
Hose (Rose)
Kind (Wind)
und so weiter …

Gestalten

Malen, kleben, basteln, ausschneiden, formen – auch in diesem Jahr ist Ihr Kind gerne und viel gestalterisch tätig. Was es dabei von Ihnen braucht, ist vor allem reichlich Material und Platz (wie im vorhergehenden Kapitel bereits beschrieben) sowie Anerkennung und Lob, wenn es etwas geschaffen hat.
Jetzt dürfen Sie auch schon gelegentlich ganz sanfte Kritik üben. Etwa in der Form, „das Bild, das du gestern gemacht hast, hat mir ein wenig besser gefallen". In den Gestaltungsprozess selbst sollten Sie aber so wenig wie möglich eingreifen. Das

Sticken – eine gute Übung für die Feinmotorik

*Das macht in diesem Alter Mädchen wie Jungen gleiche Freude – ein selbst gesticktes Bild. Dazu auf einen dünnen, farbigen Karton ein einfaches Bildmotiv aufmalen, wobei die Linien mittels Punkten gezeichnet werden. Anschließend werden die Punkte mit Stickgarn „nachgestickt".
Hübsch wird das Bild, wenn verschiedenfarbiges Garn zum Einsatz kommt oder statt Karton Transparentpapier verwendet wird, das auf Stoff gelegt wird. Zum Schluss das Papier nur noch wegziehen.*

hemmt nur die Fantasie Ihres Kindes. Dennoch gibt es eine Menge Anregungen, die Sie ihm geben können. Aber natürlich braucht es Ihre Vorschläge nicht aufzugreifen, wenn es lieber etwas anderes machen möchte. Kinder stellen jetzt sehr gerne Dinge dar, die sie erleben oder kennen. Bilder, Zeichnungen und „Objekte" werden erheblich vielfältiger. Ein Kind interessiert sich in diesem Jahr noch mehr für Details, aber auch für geometrische Muster. Alle Vorschläge vom letzten Jahr sind auch jetzt noch gültig, solange sie dem Kind Spaß machen.

● **Fensterbilder:** Auf buntes Transparentpapier werden andersfarbige Teile aus dem gleichen Papier zu einem Muster aufgeklebt. Die Muster können ausgeschnitten oder ausgerissen werden.
Um das fertige Bild lässt sich ein Rahmen aus leichter Pappe machen und das Ganze dann am Fenster aufhängen. Es scheint wunderschön durch.

● **Wenn Sie ein Blatt Papier mehrmals falten,** entstehen lauter Kästchen. Diese Kästchen kann Ihr Kind nun ausmalen, sodass am Ende ein schönes Muster entsteht.

● **Geben Sie Ihrem Kind buntes Seidenpapier, Schere, Klebstoff und lassen Sie es daraus basteln, was es mag.** Herauskommen können geknüllte Bällchen, eine Fahne, eine Puppe, Blumen, Fensterbilder oder Schnittmuster (das Papier falten und an den Rändern einschneiden). Die Kunstwerke sollten zumindest im Kinderzimmer aufgehängt oder in einem Regal „ausgestellt" werden.

● **Ein Bild fertig malen:** Malen oder zeichnen Sie auf einem großen Papierbogen ein Detail, das Kind soll daraus ein ganzes Bild erstellen. Zum Beispiel eine grüne Fläche (das kann eine Wiese sein), zwei oder vier Räder (für ein Auto oder ein Fahrrad), vier Beine, eine ovale blaue Fläche, einen Kreis, einen Kringel, ein Viereck oder ein Dreieck. Es ist völlig egal.
Sagen Sie Ihrem Kind nicht, was daraus werden soll, denn das kann es selbst bestimmen. Und sicher kommt häufig ein ganz anderes Bild heraus, als Sie erwartet haben. Der Fantasie sind keine Grenzen gesetzt.

● **Kieselsteine:** Aus Steinen, die beim Spaziergang gesammelt wurden, lassen sich Figuren „basteln", wenn man sie, ihrer Form entsprechend, mit Wasser- oder Plakatfarben anmalt. Besonders schöne Exemplare können von den Eltern später noch mit Klarlack überzogen werden, damit sie haltbarer sind.

Sammeln Sie doch bei Ihrem nächsten Spaziergang einfach mal ein paar flache Steine und bemalen Sie diese anschließend gemeinsam mit Ihrem Kind.

● **Leporello:** Ein Blatt Papier in Ziehharmonikaform falten. Dann eine halbe Figur darauf zeichnen und ausschneiden. Die Figur muss an einer Stelle bis an die Kante des Papiers reichen. Faltet man alles wieder auseinander, hat man viele Figuren, die zusammenhängen.

● **Geben Sie Ihrem Kind längere Papierstreifen (am besten verschiedene Farben) und zeigen Sie ihm folgende Faltmethode (vielleicht müssen Sie den Anfang erst noch selbst machen):** Beide Streifen werden mit ihrem Ende im rechten Winkel übereinander gelegt. Dann wird der untere Streifen nach oben gefaltet. Danach in der anderen Richtung wieder der untere nach oben und so weiter. Das obere und untere Ende wird am Schluss festgeklebt, damit der fertige Faltstreifen sich nicht wieder auflöst.
Aus solchen Faltstreifen lassen sich – wenn sie lang genug sind – andere lustige Gebilde machen (man kann sie auch bemalen).

● **Gemustertes Einwickelpapier:** Tapetenreste oder Tapetenmuster können von Ihrem Kind künstlerisch umgestaltet werden. Es darf mit Stiften, Wasserfarben oder Fingerfarben darauf herummalen, bis ein neues Muster entstanden ist.

Bewegungsspiele

Bewegung ist nach wie vor sehr wichtig für Ihr Kind. Zu wenig davon wirkt sich auf den gesamten Körper, auf seine Leistungsfähigkeit, Haltung und Koordination aus. Kinder, die sich zu wenig bewegen, haben aber oft auch „psychische" Probleme. Sie können sich schlecht konzentrieren, sind nervös, reizbar und schlafen schlecht. Im fünften Lebensjahr haben Kinder bereits großen Spaß am Turnen. Sie machen Bewegungen nach, die ihnen vorgemacht werden, oder bewegen sich nach Anleitung. Gelingt ihnen eine Übung, sind sie sehr stolz darauf. Am schönsten ist es natürlich, wenn ein Erwachsener mitturnt (und oft die Übungen nicht ganz so gut kann wie das Kind).

● **Für den Rücken:**
• Das Kind sitzt im Grätschsitz, beugt den Oberkörper weit nach vorne und umfasst mit beiden Händen das linke Bein (ob es bis zum Fuß kommt?). Dann wieder aufrecht sitzen und danach dieselbe Übung mit dem rechten Bein.
• Grätschsitz, beide Hände vor den Körper auf den Boden und dann mit den Händen immer weiter nach vorne, vom Körper wegrutschen – so weit es geht. Dabei muss der Rücken stark gebeugt werden.
• Das Kind liegt auf dem Bauch, streckt Arme und Beine ganz aus und hebt sie dann gleichzeitig hoch.
• Bauchlage, mit gestreckten Armen wird ein Ball an die Wand oder zum Partner geworfen. Versuchen, ihn wieder aufzufangen.
• Das Kind legt einen Gegenstand auf den Kopf – zum Beispiel ein Buch

---

Das Reich der geometrischen Formen erobern

Mit Lineal, Schablone oder Dreieck lassen sich ganz tolle Muster malen: Geben Sie dazu Ihrem Kind diese Utensilien an die Hand und lassen Sie es ruhig damit ausprobieren. Erst wird es eventuell nur einfach Striche ziehen, aber schon bald können tolle geometrische Figuren entstehen. Hat es das erst einmal entdeckt, gibt es wahrscheinlich kein Halten mehr. Figur über Figur wird so entstehen. Die selbst entwickelten Formen kann Ihr Kind abschließend mit Farben hübsch bunt ausmalen.

(aufgeschlagen), ein Kissen, ein Brettchen – und geht damit einmal um den Tisch herum oder eine andere, vorher besprochene Strecke in der Wohnung.

Kann es das gut, darf es mit dem Gegenstand auf dem Kopf (man muss dabei äußerst aufrecht gehen) auf einen Schemel und über andere Hindernisse steigen.

Das Spiel macht mit mehreren Kindern großen Spaß. Es kann ein Wettkampf veranstaltet werden, wer das Buch am längsten auf dem Kopf behält.

• Das Kind liegt auf dem Rücken, streckt die Füße nach oben und fährt in der Luft Fahrrad. Erst vorwärts, dann rückwärts. Die Arme liegen ausgestreckt neben dem Körper.

Großen Spaß macht Fahrradfahren mit einem Partner, der gegenüberliegt, und die Fußsohlen der beiden treffen sich in der Luft.

Der Gleichgewichtssinn lässt sich gut trainieren, indem Ihr Kind einbeinig auf einem Stück Zeitung stehen muss und währenddessen ein zweites Stück vor sich auf den Boden legt, um sich – ebenfalls einbeinig – darauf mit dem freien Bein zu stellen. So geht's durch die Wohnung.

● **Spiele für die Füße:**
• Ein Blatt Papier mit den Zehen zusammenknäueln. Den Papierknäuel erst mit dem einen, dann mit dem anderen Fuß vom Boden hochheben.

Ganz geschickte Kinder können den Knäuel auch in einen Papierkorb (er muss natürlich in der Nähe stehen) werfen.

• Das Kind hebt mit den Füßen kleine Kieselsteine, Holzperlen oder Bausteine auf und versucht, damit ein paar Schritte zu gehen.

Das Spiel geht auch ohne Gegenstände. Dann geht das Kind mit eingerollten Zehen, so als ob es einen Kieselstein bei jedem Schritt aufheben würde.

● **Geschicklichkeit:**
• Entengang: Die Knie beugen, die Arme nach vorne ausstrecken und in dieser Haltung auf Zehenspitzen durch die Wohnung „watscheln". Diese Übung lässt sich auch gut als „Entenrennen" mit mehreren Kindern machen.

• Auf einem Bein stehen, die Arme seitlich ausgestreckt, mit dem anderen Fuß (gestrecktes Bein) hoch in die Luft schwingen. Dann die Seiten abwechseln.

• In die Hocke gehen (auf Zehenspitzen), Arme nach vorne ausstrecken, dann schnell ganz hoch springen. So wie ein Floh durch die Wohnung (oder über die Wiese) hüpfen. Eignet sich gut als Wettkampf.

• Hampelmann: Mit gegrätschten Beinen auf dem Boden stehen, die Arme seitlich ausstrecken. Dann hochspringen und gleichzeitig die Hände (die Arme ausgestreckt) kräftig über dem Kopf zusammenklatschen lassen. So oft und schnell wie nur möglich wiederholen.

• Purzelbaum: Auf weicher Unterlage in die Knie gehen, den Kopf nach vorne beugen, bis er die Unterlage berührt, die Handflächen aufstützen und dann über Kopf und Rücken rollen.

• Auf dem Boden sitzen, die Knie eng an den Körper anziehen, die Arme fest um die Beine legen und den Kopf nah an die Knie. Dann nach hinten rollen und wieder nach vorne – wie eine Schaukel.

● **Spiele mit Stühlen:**
Stellen Sie mehrere Stühle hintereinander auf. Dann soll das Kind
• unter den Stühlen durchkriechen,
• auf jeden Stuhl steigen und wieder herunter,
• um die Stühle herum hüpfen („normal", im Entengang, auf Zehenspitzen, auf den Fersen),
• auf den ersten Stuhl steigen, herunterhüpfen, unter dem nächsten durchkriechen, auf den nächsten steigen und so weiter.

● **Übungen für die Elastizität:**
• Das Kind sitzt, ein Bein ist ausgestreckt. Das andere wird im Knie abgewinkelt, der Fuß liegt auf dem Oberschenkel des gestreckten Beines. Dann das Ganze umgekehrt.
• Das Kind sitzt im Grätschsitz und legt die Fußsohlen aneinander (es darf mit den Händen nachgeholfen werden). Dann werden die Knie sanft nach unten gedrückt. Danach die Füße mit den Händen umfassen und vorsichtig zum Körper hinziehen.

● **Spiele mit dem Seil:**
• Ein Seil liegt gerade auf dem Boden. Das Kind geht – Fuß vor Fuß – über das Seil.
Schwieriger wird die Übung, wenn das Seil sich über den Boden schlängelt, einen Kreis oder sonst eine Figur bildet.
Danach kann das Kind seitlich, mit „hohlem Fuß" das Seil entlanggehen.
• Das Seil liegt am Boden, das Kind hüpft um das Seil herum: mit geschlossenen Beinen, einmal auf die rechte Seite, dann auf die linke.

• Das Seil wird zwischen zwei Stühle gespannt (zirka 50 Zentimeter hoch). Das Kind steigt darüber, kriecht unten durch und springt darüber (wenn es sich das zutraut).

● **Bewegung mit dem Ball:**
• Den Ball mit den Händen hoch über den Kopf halten. Auf Zehenspitzen dreimal um den Tisch (oder sonstige, vorher abgesprochene Wege) gehen.
• Den Ball mit beiden Händen auf dem Rücken halten, nur auf den Zehenspitzen gehen.
• Den Ball direkt vor die Füße rollen. Er soll sich nicht zu weit entfernen. Also nicht zu fest anschubsen!
• Das Kind sitzt am Boden, nimmt den Ball zwischen die Füße (ausgestreckte Beine) und hebt ihn hoch und wieder runter.
• Das Kind sitzt, der Ball liegt auf den gestreckten, geschlossenen Beinen. Durch Hochheben der Beine rollt der Ball nach oben und unten.
• Das Kind liegt auf dem Rücken, den Ball zwischen die Füße geklemmt. Dann hebt es die Beine (mit dem Ball) hoch, greift sich den Ball mit den Händen und legt ihn hinter dem Kopf ab.
• Das Kind liegt auf dem Rücken, hält den Ball mit beiden Händen über den Kopf und versucht aus dieser Stellung aufzustehen, ohne den Ball zu verlieren.

● **Wasserspiele:**
Wenn Ihr Kind bisher schon viel im Wasser spielen konnte, mit im Schwimmbad oder im Sommer am Strand war, könnte es in diesem Jahr

Gärtner: Mit einer kleinen Gießkanne oder der Badeмütze gießt der Gärtner die Blumen. Erst sind Sie die Blume und das Kind darf Ihnen Wasser über den Kopf gießen, dann umgekehrt.

Tauchen: Wichtige Voraussetzung fürs Schwimmen ist Tauchen. Die meisten Kinder haben am Anfang Angst, wenn sie Wasser in Mund, Nase oder Augen bekommen. Deshalb muss man ihnen vorher erklären, dass sie zum Tauchen den Atem anhalten müssen. Am Anfang eignen sich ganz kurze Übungen: Atem anhalten, Gesicht aufs Wasser, sofort wieder auftauchen und atmen. Nach und nach wird das Kind dann mit dem ganzen Kopf unter Wasser gehen und den Atem immer länger anhalten können. Die Augen sollten unter Wasser offen bleiben. Wenn's ein wenig brennt (besonders bei gechlortem Schwimmhallenwasser), macht das nichts (aber nicht reiben!).

das Schwimmen lernen. Von seiner Entwicklung her ist es dazu in der Lage. Es kann die Bewegungen von Armen und Beinen bewusst koordinieren und befolgt auch Anweisungen zuverlässig (Kinderschwimmkurse werden in Hallenbädern und in Schwimmvereinen angeboten).

Ist Ihr Kind noch nicht so weit und hat es eher noch Angst im Wasser, drängen Sie es nicht, sondern machen Sie verstärkt Wasserspiele mit ihm. Das Wichtigste beim Schwimmenlernen ist, dass das Kind keine Scheu vor dem Wasser hat und auch gerne hineingeht.

• Im Wasser toben: Lassen Sie Ihr Kind im für das Kind knietiefen Wasser so oft und so lange toben, spritzen und herumspielen, wie es will. Erst, wenn es dazu keine Lust mehr hat, können Sie ihm andere Vorschläge machen. Am besten, Sie sind auch im Wasser und machen alle Spiele mit.

• Spielen Sie mit Ihrem Kind „Alle meine Entchen". Bei „Köpfchen in das Wasser" stecken Sie das Gesicht kurz ins Wasser. Ihr Kind soll es nachmachen, auf keinen Fall zwingen!

• Spielen Sie „Fische fangen" (mit den Händen), „Schaumschlagen", „Wäsche waschen" und so weiter. Bei all diesen Spielen muss das Kind immer wieder entweder mit den Händen tief ins Wasser oder spritzt sich (und Ihnen) Wasser ins Gesicht.

• Karussell: Sie nehmen Ihr Kind an den Händen und drehen es im Wasser umher. Das Kind hat die Beine angezogen, also keinen Grund unter den Füßen.

• Katz und Maus: Die Maus kommt frech aus dem Wasserloch (wenn Ihr Kind mutig ist, „taucht" es unter Ihrem Arm durch) und „ärgert" die Katze. Die Katze versucht, die Maus zu fangen.

• Wer ist stärker? Nehmen Sie Ihr Kind an einer Hand. Jeder zieht in seine Richtung, will an „seinen" Beckenrand.
Wer schafft's, den anderen dort hinzuziehen? (Klar, dass das Kind auch mal gewinnen sollte).

• Fangen und springen: Mit einem Ball, einem Gummiring oder Badetier können Sie im seichten Schwimmbecken Fangen spielen. Werfen Sie das Spielzeug ein Stück von sich weg und machen Sie dann mit Ihrem Kind ein Wettrennen im Wasser, um das Spielzeug zu fangen.
Wenn dies gut klappt, werfen Sie das Spielzeug vom Beckenrand aus ins Wasser. Wer es fangen will, muss erst hineinspringen.

• Pusten: Das Kind sitzt oder kniet bis zum Hals im Wasser und pustet einen Korken oder einen kleinen Ball übers Wasser. Es kann auch mit Ihnen um die Wette pusten.

Neuntes Kapitel

Das sechste Lebensjahr

Ihr Kind ist jetzt ein Vorschulkind. Am Ende des Jahres wird es in die Schule kommen und damit einen sehr bedeutsamen Abschnitt seiner Entwicklung abgeschlossen haben. Für die Schule braucht es eine Reihe von Fähigkeiten und Eigenschaften, die es in den vergangenen Jahren entwickeln konnte und die in diesem Jahr sozusagen ihren „letzten Schliff" bekommen. Es muss beispielsweise in der Lage sein, Aufgaben zu lösen, auch wenn sie ihm Schwierigkeiten bereiten.

Das Vorschulkind: Wissbegierde und Selbstständigkeit

Dabei geht es nicht nur um Dinge, die sich das Kind selbst vorgenommen hat, sondern auch um Aufgaben, die ihm gestellt wurden. Das setzt ein gewisses Pflichtbewusstsein, Verständnis und Nachdenken vor dem Handeln voraus. Eine weitere wichtige Voraussetzung für die Schule sind die sozialen Fähigkeiten in der Gruppe: Anpassungsfähigkeit, Kooperations- und Kompromissbereitschaft, Selbstbeherrschung, verzichten können und Rücksichtnahme. Zusätzlich sollte das Kind zum Schulanfang klar, deutlich und in komplexen Sätzen sprechen können, über einen möglichst großen Wortschatz verfügen, Farben sowie links und rechts auseinander halten können.

In diesem letzten Jahr vor der Einschulung ist es deshalb besonders wichtig, dass Eltern die Selbstständigkeit ihres Kindes unterstützen und fördern. Denn Kinder wollen jetzt etwas leisten, sie wollen etwas können, ihre Fähigkeiten unter Beweis stellen und sie möchten dafür natürlich auch Anerkennung und Lob erhalten. Um den sechsten Geburtstag können die meisten Kinder bereits ihren Namen schreiben, erkennen Zahlen und so manchen Buchstaben und können es kaum erwarten, bis sie in die Schule gehen dürfen – der beste Beweis für die Schulfähigkeit (die noch durch ärztliche und psychologische Untersuchungen bestätigt wird). Ob es sinnvoll ist, einem Kind Lesen, Schreiben oder Rechnen bereits vor dem Schuleintritt beizubringen, darüber streiten sich die Fachleute. Die Gefahr, dass sich ein Kind in der Schule langweilt und unterfordert fühlt, wenn es dies schon kann, ist ohne Zweifel vorhanden. Andererseits sind manche Kinder im sechsten Lebensjahr so brennend an diesen „Kulturtechniken" interessiert (insbesondere, wenn sie ältere Geschwister haben oder sonst oft mit Schulkindern zusammen sind), dass es schwierig ist, sie vom Lernen abzuhalten. Ein guter Kompromiss ist folgender: Wenn Sie Ihr Kind von sich aus fragt, wie man etwas schreibt, was Geschriebenes heißt oder wenn es zwei Zahlen zusammenzählen will, sagen Sie es ihm. Machen Sie aber keinesfalls regelrecht Lernstunden mit dem Kind, sondern geben Sie ihm andere Spielanregungen, sorgen Sie für viel

Bewegung, machen Sie Spaziergänge, Ausflüge, Museumsbesuche und andere Dinge, die Ihr Kind ebenfalls interessieren. Denn das Hauptaugenmerk in diesem Lebensjahr sollte immer noch beim Spielen liegen. Dabei lernt es am meisten für seine gesamte Persönlichkeit.

Auch im Kindergarten werden Vorschulkinder in der Regel jetzt mit einem speziellen Vorschulprogramm gefördert. Sie bekommen eine Arbeitsmappe, in der sie ihre Übungsblätter aufbewahren. Bei den Übungen geht es meist um Farben, Formen, Mengen erkennen, sortieren, kombinieren und so weiter. Bei „Schreib"-Übungen mit der Hand wird natürlich nicht geschrieben, sondern gemalt und gezeichnet, in einer Form, die die feinmotorischen Bewegungen der Hand trainieren. Vorschulkinder dürfen oft auch Gedichte oder Lieder, die sie auswendig gelernt haben, „öffentlich", also bei Elternabenden oder sonstigen Kindergartenveranstaltungen aufsagen. Für die meisten ein großes Ereignis, vor dem sie zwar aufgeregt sind, das ihnen aber wegen des Applauses und der Anerkennung großen Spaß macht.

Haustiere: Spielerisch Verantwortungsbewusstsein lernen

Viele Kinder wünschen sich jetzt sehnlichst ein Haustier. Sie wollen mit etwas Lebendigem spielen, das einen eigenen Willen hat. Ein Tier hat auch Vorteile fürs Kind. Es lernt seine Verhaltensweisen kennen, muss sein Verhalten den Reaktionen des Tieres anpassen, lernt Verantwortung zu übernehmen und für ein anderes Wesen zu sorgen. Allerdings – und das ist wichtig – kann ein fünf- bis sechsjähriges Kind die Verantwortung und Sorge für ein Tier nicht völlig allein übernehmen. Wenn Sie Ihrem Kind also ein Tier schenken wollen, muss Ihnen klar sein, dass Sie sich damit selbst in die Pflicht nehmen. Wichtigste Voraussetzung ist, dass die ganze Familie das Tier will und alle bereit sind, sich darum auch zu kümmern.

Das richtige Haustier für die ganze Familie

Das Kind sollte in die Pflege konsequent mit einbezogen werden. Eine weitere wichtige Voraussetzung ist die Möglichkeit, das Tier artgerecht halten zu können. Am besten besorgen Sie sich gute Informationsliteratur (im Buchhandel oder in der Tierhandlung), ehe Sie sich für ein Tier entscheiden. Bei größeren Tieren (Hunde und Katzen) kommt es in Mietwohnungen zusätzlich darauf an, dass das Halten vom Vermieter erlaubt sein muss. Und natürlich kostet ein Tier auch Geld (je größer, desto mehr). Erst nachdem Sie alle diese Punkte abgeklärt haben, sollten Sie Ihrem Kind ein Tier schenken.

Jedes Tier hat seine Eigenheiten, die vor der Anschaffung bedacht werden müssen. Hamster zum Beispiel sind nachtaktive Tiere, von denen Ihr Kind tagsüber wenig hat.

So verändert sich der Körper

Was sich bei manchen Kindern im letzten Jahr schon angedeutet hat, wird jetzt bei fast allen sichtbar: Der Körper wächst stärker in die Länge als in die Breite. Der Schädelumfang nimmt nur noch geringfügig zu, der obere Kopfteil wächst langsamer als der untere, das Babygesicht verschwindet und weicht ausgeprägten Gesichtszügen. Das liegt auch daran, dass die Nase jetzt stärker hervortritt.

Hals und Rumpf strecken sich und die Körpermitte sinkt weiter nach unten. Die ganze Gestalt „streckt" sich, Arme und Beine können jetzt ziemlich schlaksig und dünn wirken, die Proportionen verlieren das Babyhafte und nehmen eher Erwachsenenzüge an (breite Schultern und Hüften, deutlich sichtbare Taille).

Die durchschnittliche Größe liegt bei 115 Zentimetern, wobei die individuellen Unterschiede sehr groß sein können – neun Zentimeter nach oben und unten gelten noch als normal. Ebenso schwankt natürlich das Gewicht: fünf Kilogramm nach oben und unten von einem Durchschnittgewicht von rund 20,5 Kilogramm. Mädchen sind im Durchschnitt etwas kleiner und leichter als Jungen.

Gegen Ende des sechsten Lebensjahres beginnt der Zahnwechsel. Die ersten oberen und unteren Schneidezähne fallen aus, gleichzeitig (oder auch schon früher) kommen meist ganz unbemerkt die ersten bleibenden Backenzähne – die „Sechs-Jahres-Molaren", wie sie von Fachleuten genannt werden. Gründliche Zahnpflege wird deshalb jetzt besonders wichtig.

Die motorische Entwicklung

Das Kind beherrscht nun die Bewegungen seines Körpers ziemlich perfekt. Es kann Treppen steigen, auch auf hohe „Gerüste" oder Bäume klettern, sicher balancieren, hoch und weit springen. Viele Kinder können bereits Rad fahren (ohne Stützen), Rollschuh, Schlittschuh oder Ski laufen. Auch die Koordination der einzelnen Körperteile funktioniert gut. Das zeigt sich etwa beim Ballspielen. Werfen und Fangen über kleine Distanzen machen nur noch wenig Schwierigkeiten. Viel Bewegung und gezieltes Körpertraining – im Kindergarten, als Spiele zu Hause oder in einer Kinderturngruppe – sind in diesem Alter wichtig. Sowohl, um die Körperfähigkeiten zu erhalten und zu verbessern, als auch, um Haltungsschäden (die leider in diesem Alter schon stark verbreitet sind) zu vermeiden. In der warmen Jahreszeit sollte das Kind möglichst viel Gelegenheit zum Barfußlaufen, Schwimmen, Wandern, Bergsteigen, Herumtollen, Radfahren und so weiter haben. In den kalten Monaten kann es, warm angezogen, Ski laufen, wandern, Eis laufen und verstärkt in der Wohnung herumturnen.

Die Feinmotorik (wichtigste Voraussetzung fürs Schreiben und Sprechen) verbessert sich in diesem Jahr erheblich. Ausschneiden, malen, Perlen auffädeln, winzige Schrauben einschrauben, kneten – alle diffizilen Arbeiten mit den Händen fördern die feinmotorischen Fähigkeiten. Grundvoraussetzung dafür ist allerdings eine optimale Grobmotorik. Kinder, die insgesamt zu wenig Bewegung haben, tun sich in der Regel schwerer, „Feinarbeiten" zu erledigen.

Die geistige Entwicklung

Die Wahrnehmungsleistung eines Kindes ist jetzt hoch entwickelt. Es sieht, hört und fühlt beinahe wie ein Erwachsener. Es kann sich zum ersten Mal über längere Zeit auf ein und dieselbe Sache konzentrieren und sich ganz bewusst einer bestimmten Beschäftigung widmen. Beim Lernen spielt die neue „Leistungsmotivation" eine große Rolle. Hat sich das Kind bisher Dinge durch spielerische Wiederholung eingeprägt, so kann es jetzt etwas lernen, weil es das lernen möchte. Es macht den Übergang vom unwillkürlichen zum willkürlichen Einprägen durch. Das hat zur Folge, dass es erneut ziemlich viel fragt. Es möchte Zusammenhänge erkennen, interessiert sich brennend für alles Neue, will hinter die Dinge schauen (zum Beispiel Geräte zerlegen), um die weitere Umwelt besser zu begreifen. Probleme versucht das Kind jetzt „in Gedanken" zu lösen. Das heißt, es spielt verschiedene Lösungsmöglichkeiten erst einmal in der Vorstellung durch, ehe es anpackt. Bisher ist es

Wie funktioniert das eigentlich? ist oft die Frage

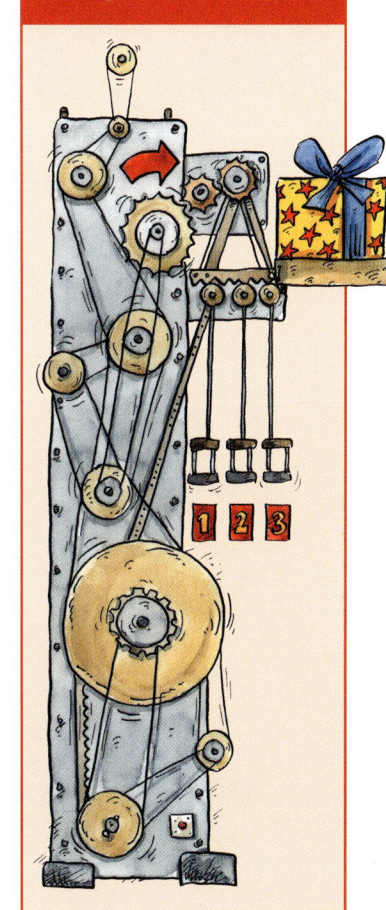

Der Wissensdrang Ihres Kindes macht auch vor Technischem nicht Halt. Mit einem kleinen Motor aus dem Spielwarengeschäft kann alles selbst Gebaute angetrieben werden. Da reicht schon eine Schnur, ein Schuhkarton und der Motor, damit eine Seilbahn zum Hochbett hochfährt.

nach dem Motto „Versuch und Irrtum" vorgegangen. Zu den neuen geistigen Fähigkeiten, die sich in diesem Lebensjahr entwickeln, gehört der Begriff der Zeit. Es weiß, was ein Tag, ein Monat oder ein Jahr ist, und kann sich etwas darunter vorstellen, wenn es um „morgen" geht. Auch das Alter begreift es, weiß, dass große Leute älter sind als Kinder, kann sagen, wie viele Jahre es selbst alt ist, und interessiert sich dafür, wie alt andere Kinder, die Eltern oder die Großeltern sind. Auch mit Zahlen lernt es viel besser umzugehen als noch im letzten Jahr.

Kleine Lügengeschichten: Realität und Fantasie mischen sich

So realistisch Kinder jetzt auch schon sind, so haben sie dennoch eine grenzenlose Fantasie, die sie gelegentlich mit ihrer Wirklichkeit vermischen. Es wäre falsch, wenn Eltern solche „Mischgeschichten" ihres Kindes als Lügen entlarven würden. Denn lügen, im streng moralischen Sinn, tun Kinder eigentlich noch nicht. Wenngleich falsche Geschichten oft auch den Hintergrund haben, dass sich ein Kind vor Bestrafung oder Liebesentzug fürchtet, wenn es beispielsweise etwas getan hat, von dem es weiß, dass es nicht erlaubt war. Gelegentlich sind auch Wünsche des Kindes der Grund für eine Fantasiegeschichte. So kann es durchaus passieren, dass ein Kind bei seinen kleinen Freunden damit „angibt", dass sein Vater ein besonders tolles Auto hat, obwohl es gar nicht stimmt. Oder, dass es erzählt, die Mutter würde ein Baby erwarten, nur weil es sich ganz sehnlichst ein Geschwisterchen wünscht. Eltern sollten ihr Kind für solche „Lügen" nicht bestrafen, sondern in Ruhe mit ihm darüber reden und ihm erklären, warum das nicht richtig ist.

Die Entwicklung von Sprachniveau und Wortschatz

Sprachlich macht das Kind gute Fortschritte, wenn es viel Gelegenheit hat, sich mit anderen – vor allem Erwachsenen – zu unterhalten. Der aktive Wortschatz (das sind die Wörter, die zum Sprechen benutzt werden) nimmt erheblich zu, ebenso wie der passive (die Wörter, die verstanden werden), der noch erheblich größer ist als der aktive.

Das Kind bildet komplexe Sätze, die alle Wortarten enthalten, und erfindet teilweise sogar neue Wörter und Wortkombinationen.

Für alle geistigen Leistungen ist ein hohes Sprachniveau von allergrößter Bedeutung.

Die soziale Entwicklung

Die sprachlichen Fähigkeiten des Kindes bilden eine wichtige Voraussetzung für seine Gemeinschaftsfähigkeit. Es kann Wünsche, Absichten, Bewertungen, zum Teil auch Gefühle klar formulieren. Gleichzeitig lernt es auf dieselbe Weise aber auch den anderen besser zu verstehen. Hinzu kommt eine weitere Fähigkeit, die das Kind bisher nicht hatte: Es erkennt Eigenschaften bei anderen Personen, kann sich sozusagen in sie hineinversetzen und zieht daraus Schlussfolgerungen. Typisches Beispiel: „Mit Klaus mag ich nicht spielen, der streitet immer gleich." Oder: „Mami, warum schimpfst du immer?"

Im Wechsel: kleine trotzige Anführer oder Untergeordnete

Der Drang nach Selbstständigkeit, Eigenständigkeit und Freiheit ist enorm groß. Wird das Fünf- bis Sechsjährige in diesen Bedürfnissen eingeschränkt oder behindert, kann es sehr wütend werden. Manche Leute sprechen deshalb jetzt von einer zweiten Trotzphase oder der „kleinen Pubertät", denn es kann natürlich zu erheblichen Zusammenstößen mit den Eltern kommen, wenn Einschränkungen notwendig sind.

Im Spiel mit anderen Kindern – am liebsten spielt das Kind jetzt in einer kleinen Gruppe – zeigen sich die neu erworbenen Koordinationsfähigkeiten deutlich. Die Kinder teilen sich die Aufgaben innerhalb eines Spiels auf. Wenn sie beispielsweise eine Sandburg bauen, schaufelt eines den Sand herbei, das andere bringt Wasser, das dritte formt die Türme und klopft die Mauern fest. Es ist also ein wirklich gemeinsames Werk. Bei solchen Spielen gibt es meist auch Anführer, die den anderen sagen, was sie zu tun haben. Diese ordnen sich gerne unter und führen die Anweisungen aus. Beim nächsten Spiel werden die Rollen dann gewechselt. Je nach Situation und Spiel ist jedes Kind einmal Anführer, einmal Untergeordneter. Aus den Spielbekanntschaften entwickeln sich jetzt auch schon enge und richtige Freundschaften. Das ist

Arbeitsteilung ist beim Spiel durchaus an der Tagesordnung, wobei die Rollen von Mal zu Mal wechseln.

möglich, weil die Kinder in diesem Alter dazu fähig sind, eigene Bedürfnisse für einen anderen zu unterdrücken oder zurückzustellen und die Meinungen und Wünsche des anderen zu respektieren. Sie gehen in der Regel freundlich und hilfsbereit mit anderen Kindern (aber auch Erwachsenen) um. Was natürlich nicht heißt, dass es nicht immer wieder zu Missverständnissen und handfesten Streitereien (und Raufereien) kommen würde. Wie schon im vorigen Jahr heißt das für die Erwachsenen, behutsam einzugreifen, wenn sich die Kinder alle nicht mehr einig werden können.

Rollenspiele, die nach wie vor sehr beliebt sind, nehmen jetzt zunehmend einen „sozialen" Charakter an. Wurden in den letzten Jahren noch häufig Erlebnissituationen nachgespielt (im Zoo, beim Kaufmann, im Verkehr, im Museum usw.), werden nun Spiele mit sozialem Inhalt immer beliebter und treten mehr in den Vordergrund: Familie, Hochzeit, Hausbau, Schule, Doktor usw. Die Kinder geben sich dabei selbst Regeln, die sie auch genau einhalten.

Wett- und Regelspiele, bei denen man sich ebenfalls an Regeln halten muss und bei denen es Gewinner gibt, sind sehr beliebt.

Spiele

Lustig zu Ostern – Hasenohren, in denen Schokoladeneier Platz finden:
Dazu drei Kugeln von klein bis groß aus Knetmasse formen und aufeinander setzen. Die oberste, kleinste Kugel mit einer Schere einschneiden und etwas auseinanderbiegen.
Eine Schleife um den Hals – fertig ist das Eiernest.

Beim Spielen gilt nach wie vor: Das Kind darf spielen, was ihm gefällt und solange es dazu Lust hat. Erwachsene geben lediglich Anregungen und machen Angebote. Das sollten sie allerdings reichlich tun, um dem Kind viele Möglichkeiten zu eröffnen und seinen Interessen und Fähigkeiten genug zu bieten. Fast alles Spielmaterial, das in den letzten beiden Jahren schon beliebt und passend war, ist auch jetzt noch aktuell: Musikinstrumente (auch Schallplatten, Musik- und Hörspielkassetten), Kreativspielzeug wie Papier, Stifte, Pinsel, Farben, Knetmasse und allerlei Sammelstücke aus der Umgebung, eine Klamotten- und Utensilienkiste für Rollenspiele, Autos, Puppen und Stofftiere, Bausteine (möglichst viele und unterschiedliche). Als zusätzliches Spielzeug, das man kaufen kann, eignen sich jetzt kompliziertere Baukästen (zum Beispiel Technikbaukästen), Gesellschaftsspiele (auf die Altersangaben auf den Spielen achten), Karten- und Würfelspiele, Puzzles, Bilderbücher und so weiter.

Spiele zum Sprechen und Denken

● **Geschichten erzählen:** Denken Sie sich mit Ihrem Kind gemeinsam

eine Geschichte aus. Sie geben ein oder zwei Sätze vor, das Kind erzählt weiter. Dann erzählen Sie wieder weiter, dann das Kind. Das kann auch eine schöne Alternative zum abendlichen Vorlesen sein. Die Geschichten können reine Fantasiegeschichten sein, aber auch realistische Begebenheiten, die das Kind selbst erlebt hat. Als Thema eignet sich alles, womit sich das Kind beschäftigt. Ein paar Beispiele für Anfänger:
Ein Junge sprang im Schwimmbad vom Einmeterbrett ins Wasser. Er heißt Fabian ...
Die Hühner im Stall unterhalten sich miteinander ...
Beim Einkaufen haben wir im Supermarkt Frau Maier getroffen. Sie trug eine schwere Tüte ...
Wir sind im Wald spazieren gegangen. Da kam plötzlich ein Reh zwischen den Bäumen hervor ...

● **Figurengeschichte:** Zeichnen Sie Ihrem Kind eine Figur auf. Fragen Sie dann: Was ist das für ein Mann (oder Frau oder Kind)? Wie heißt er? Was arbeitet er? Wo wohnt er? Wie heißen seine Freunde? Was macht er am Abend? und so weiter. Aus diesem Spiel können sich lustige Geschichten entwickeln, die Ihr Kind selbst erfindet und vorträgt.
Dasselbe können Sie auch mit einem Tier oder einem Gegenstand spielen.

● **Sätze verlängern:** Das macht großen Spaß und fördert die Konzentration, zum Beispiel: Der Hahn kräht. Der Hahn kräht auf dem Hof. Der Hahn kräht auf dem Hof im Dorf. Es muss immer der ganze Satz wiederholt werden. Größere Kinder können das Spiel auch in der Variante spielen, dass sie nicht nur am Ende des Satzes etwas anhängen, sondern auch innerhalb des Satzes etwas verändern, zum Beispiel: Der Hahn kräht. Der stolze Hahn kräht auf dem Hof. Der stolze Hahn kräht laut auf dem Hof ... und so weiter.
Wichtig ist, dass sich das Kind den vorangegangenen Satz merken und ihn mit dem Zusatz wiederholen kann.

● **Erraten, um was es sich handelt:** Das Kind darf sich einen Gegenstand ausdenken und Sie müssen erraten, was es ist. Damit Sie nicht so schnell dahinterkommen, muss es den Gegenstand beschreiben, zum Beispiel (Apfel): Es ist rund, hat einen Stiel, man kann es essen, es ist rot, manchmal auch grün und so weiter.

● **Radiosprecher:** Lassen Sie Ihr Kind Geschichten oder Wortspielereien auf Tonband sprechen. Danach kann es sich selbst als „Radiosprecher" hören.

● **Fremdsprachen erfinden:** Sprechen Sie Ihrem Kind zu Beginn einen einfachen Satz vor, den es dann so wiederholt, dass die Vokale im Satz gleich sind. Das wird mit immer einem anderen Vokal wiederholt.

Viele Worte in ihr Gegenteil verkehren

Lassen Sie Ihr Kind raten. Was ist das Gegenteil von lang, weich, mutig, hart, trocken, faul, klug, oben, rechts, hübsch und so weiter. Oder das Gegenteil von einem großen Haus (ein kleines Haus), von einem Hut (ein Schuh), von einem Berg (Tal) und so weiter.
Versuchen Sie dabei den Schwierigkeitsgrad zu steigern, indem Sie es auch mit abstrakteren Begriffen, wie etwa Freiheit oder Gerechtigkeit, versuchen. Natürlich darf das Kind auch Ihnen Rätsel aufgeben, die Sie lösen müssen.

Beispiel:
Ich gehe die Straße entlang
Ich gihi dii Striβi intling.
Ach gaha da Straβa antlang.
Ech gehe de Streβe entleng.
Och goho do Stroβo ontlong.
Uch guhu du Struβu untlung.
Sehr beliebt für dieses Spiel ist auch das Lied:
Drei Chinesen mit dem Kontrabass,
Stehen auf der Straße und erzählen sich was.
Da kommt die Polizei:
„Ja, was ist denn das?"
Drei Chinesen mit dem Kontrabass.
Es lässt sich wunderbar ständig wiederholen, wobei die Vokale gewechselt werden.

● **Wörterketten:** Sie sind in diesem Alter zwar noch ein wenig schwierig, aber bei vielen Kindern doch schon beliebt. Sie fangen mit einem zusammengesetzten Hauptwort an, das Kind bildet aus dem zweiten Wortteil ein neues zusammengesetztes Hauptwort, dann wieder Sie, dann das Kind. Hier ein Beispiel: Schranktür – Türschloss – Schlosshof – Hofspiel – Spieltisch – Tischbein ... Es macht nichts aus, wenn dabei einmal Wörter herauskommen, die eigentlich nicht zusammenpassen, wie etwa Stiefeltasse – Tassenstuhl – Stuhlkleid und so weiter. Lassen Sie Ihr Kind solche Fantasiekombinationen zeichnen, das macht auch großen Spaß.

● **Aus drei Wörtern eine Geschichte „bauen":** Gegen Ende des sechsten Lebensjahres können Kinder auch das schon. Sie geben drei Wörter vor (wenn das Kind das schon sehr gut kann, können auch vier oder fünf Wörter vorgegeben werden), etwa Haus, Kirsche, König.
Das Kind soll dann eine Geschichte erzählen, in der diese drei Wörter vorkommen. Dann darf das Kind Ihnen Wörter vorgeben.

● **Wörterarten:** Sie sprechen Ihrem Kind immer zwei ähnlich klingende Wörter vor und das Kind soll sagen, was das ist, zum Beispiel: Markt – Magd, Tür – Tor, Pferd – her, Laut – Laub, Keller – Teller usw.
Natürlich werden auch hier die Rollen wieder getauscht.

● **Nonsense-Verse oder Schüttelreime:** Hier einige Beispiele:
Ich hab neulich in Genf gesessen
Und ein paar Würstchen mit Senf gegessen.

Der Vater manches Herbe sagt
Was seinem Sohn nicht sehr behagt.

Kinder, es hagelt heut saftige Brocken
Zieht euch gut an,
Tragt brav dicke Socken.

Wenn jemand wo ein Kindel find,
So nennt man dieses Findelkind.

Dunkel war's, der Mond schien helle
Schnee lag auf der grünen Flur.
Als ein Wagen blitzesschnelle
langsam um die runde Ecke fuhr.
Drinnen saßen stehend Leute,
schweigend ins Gespräch vertieft,
als ein totgeschossner Hase
auf der Sandbank Schlittschuh lief.

Zungenbrecher und lustige Verse machen Kindern jetzt so großen Spaß, dass sie sie auch gerne auswendig lernen:
Fischers Fritze fischt frische Fische,
Frische Fische fischt Fischers Fritze.

Ach, die Teller haben Flecke!
Stimmt, das sind ja Fliegendrecke.

Musikspiele

Kinder können jetzt schon ohne Weiteres einen CD-Spieler oder Kassettenrekorder selbst bedienen, wenn es ihnen gezeigt wurde. Am schönsten ist es natürlich, wenn sie ein solches Gerät ganz für sich alleine haben. Dann können sie Musik (aber auch Hörspiele und, wenn ein Radio dabei ist, Kindersendungen) anhören und mit den entsprechenden Reglern auch verändern (hoch, tief, laut, leise). So viel Spaß ein solches Gerät aber auch macht, selbst Musik produzieren ist noch einmal so schön. Und das geht nach wie vor am besten mit selbst gebauten „Lärm"-Machern und kindgerechten Instrumenten wie Glockenspiel, Xylophon, Flöte oder Orff-Instrumenten. Wenn Sie als Eltern selbst musizieren, ist das für Ihr Kind optimal. Es kann einfach zuhören und mitmachen. Wichtig ist, dass Sie Ihr Kind das machen, singen und spielen lassen, was es selbst will. Ein Zwang zu einem bestimmten Instrument (weil Vater oder Mutter das auch spielen) wäre schädlich. Der Zwang nimmt dem Kind die Lust. Eltern, die sich selbst für weniger musikalisch halten, können dennoch viel für die musikalische Entwicklung Ihres Kindes tun. Stellen Sie ihm ausreichend „Instrumente" zur Verfügung. Halten Sie sich nicht die Ohren zu, wenn das Kind damit „Krach" macht und lassen Sie es eventuell an einer Kindersing- oder Kindermusikschule einen Kurs machen. Wie bei allen Kursen für Kinder ist hier wichtig: Perfekte Leistungen sind zweitrangig. Es muss dem Kind Spaß machen! Das bedeutet auch, dass erst einmal so einfache Sachen gelehrt werden, dass ein Kind schnell Erfolg hat. Wenn es schon bald ein „richtiges" Lied auf seinem Instrument spielen kann, bleibt es auch eher dabei und ist später bereit, auch schwierigere Stücke zu lernen und dafür zu üben.

● **Wassermusik:** Geben Sie Ihrem Kind ein paar Gläser und einen Teelöffel. Das Kind soll die Gläser selbst mit unterschiedlich viel Wasser füllen und dann herausfinden, wie es die Töne durch mehr oder weniger Wasser verändern kann. Mit dem Löffel werden die Gläser angeschlagen. Am besten zum Einfüllen ist ein Krug mit großer Öffnung, damit aus den Gläsern auch wieder Wasser zurückgeschüttet werden kann. Der Platz, an dem das Kind seine Wassermusik macht, darf nicht empfindlich gegen Feuchtigkeit sein, denn eine Überschwemmung ist schon möglich.

● **Ausdruckstanz:** Machen Sie mit einem Instrument „Musik". Das kann ein Klavier sein (wenn Sie eines haben), aber auch ein Tamburin, zwei Klangstöckchen oder irgendetwas anderes, mit dem Sie einen Rhythmus oder eine Melodie „zaubern" können. Sie müssen das Instrument nicht unbedingt perfekt beherrschen, denn Ihr Kind soll sich lediglich nach Ihren Tönen bewegen. Dafür ist es notwendig, dass Sie laut und leise, schnell und langsam „spielen" und Ihr Kind danach „tanzt". Rollenwechsel: Das Kind „spielt" und Sie „tanzen".

Geräuschemeister kommen ganz groß raus

Geben Sie Ihrem Kind leere Becher, Kartons, Gummis, Steinchen, trockene Erbsen, Knöpfe. Damit kann es alle möglichen Geräusche und Musik machen, z. B.: Hufgetrappel (zwei aneinandergeschlagene Becher), Rasseln und Rauschen (Becher, in denen Erbsen, Steine, Knöpfe sind; oben mit Pergamentpapier und Gummi verschlossen), eine Sirene (oben eingeschnittener Becher an eine Schnur binden und durch die Luft wirbeln) oder Zupfinstrumente (über Becher/Kartons verschieden dicke Gummis spannen).

Das Spiel kann man variieren: Sie klopfen oder schlagen einen Takt, das Kind geht dazu im Zimmer herum. Hören Sie auf, setzt sich das Kind hin. Spielen Sie weiter, steht es schnell wieder auf und geht im Takt. Sie selbst können natürlich auch mitgehen, sich hinsetzen, wieder aufstehen usw.

Spiele für Wahrnehmung und Konzentration

● **Gegenstände erkennen:** Legen Sie verschiedene Gegenstände (Klebstofftube, Kochlöffel, Spielzeugauto, Haarspange etc.) so unter ein Tuch, dass nur ein kleiner Teil zu sehen ist. Das Kind muss herausfinden, worum es sich handelt.

● **Hänschen, piep mal:** Das lässt sich am besten mit mehreren Kindern spielen. Einem Kind werden die Augen verbunden, die anderen müssen ganz still sein. Auf das Kommando von Ihnen: „Hänschen, piep mal", gibt eines der Kinder einen Laut von sich. Das Kind mit den verbundenen Augen muss erraten, welches Kind das war. Hat es das richtige erwischt, werden diesem als Nächstem die Augen verbunden. Hat es falsch geraten, bleibt es weiter dran.
Das gleiche Spiel lässt sich auch mit Tasten machen: Das Kind mit den verbundenen Augen darf ein anderes Kind mit den Händen „abtasten", um herauszufinden, wer es ist.

Die Freude ist groß, wenn erraten wurde, um welchen Gegenstand es sich bei dem Spiel „Ich sehe was, was du nicht siehst" handelt.

● **Geräusche hacken:** Das Kind hält sich die Ohren zu, nimmt die Hände wieder weg, hält sie wieder zu.
Sobald Kinder herausgefunden haben, wie gut sich damit alle Geräusche verändern lassen, machen sie das Spiel begeistert mit. Das geht mit der eigenen Stimme, mit der Stimme der Eltern (die natürlich die ganze Zeit reden müssen, solange das Kind seine Ohren „auf und zu" macht), aber auch mit allen ganz normalen Umweltgeräuschen.
Man kann die Ohren schnell und langsam und in unterschiedlichen „Rhythmen" auf und zu machen und auf diese Weise völlig unterschiedliche Geräuschmuster hören.

● **Ich sehe was, was du nicht siehst:** Sie suchen sich einen Gegenstand im Raum (im Freien in der allernächsten Umgebung) aus, den das Kind „finden" soll.
Mit dem Hinweis: „Ich sehe was, was du nicht siehst, und das ist rund", geben Sie Ihrem Kind einen ersten Anhaltspunkt für das Gesuchte. Es rät einen Gegenstand, etwa die Uhr oder einen Ball etc.
Ist er nicht der richtige, erklären Sie weiter: ... und das ist rund und rot (hat eine Kette, tickt, hat einen weißen Rand, ist weich, hart, rau und so weiter).
Die Hinweise beginnen so allgemein, dass erst mehrere Dinge im Raum als richtige Lösung in Frage kommen. Dann werden sie immer mehr eingegrenzt auf das, was gemeint ist. Natürlich darf das Kind auch Sie raten lassen.

Dieses Spiel lässt sich auch für andere Sinneswahrnehmungen umwandeln: Zum Beispiel: „Ich höre was, das klingt hell (heulend, rauschend, laut, wie ein Lied, krächzend und so weiter)." Am besten ist, wenn viele verschiedene Geräusche zu hören sind. Oder: „Ich schmecke was und das ist süß (bitte, salzig, sauer)." Bei dieser Form muss das Kind sich den Geschmack und das dazugehörige Nahrungsmittel vorstellen. Da gibt es natürlich mehrere richtige Lösungen. Ebenso zum Vorstellen ist die Variante: „Ich fühle was und das ist rau (pelzig, trocken, weich, bröselig und so weiter)."

● **Bilder einprägen:** Legen Sie fünf oder sechs verschiedene Gegenstände auf den Tisch. Das Kind (es können auch mehrere Kinder mitmachen) darf sich alles rund 30 Sekunden lang anschauen. Dann dreht es sich um und macht die Augen zu. Sie entfernen einen Gegenstand, und das Kind, das wieder auf den Tisch schaut, muss raten, was fehlt.
Das Spiel kann variiert werden, indem Sie einen neuen Gegenstand hinzulegen und das Kind muss raten, welcher es ist.
Oder Sie legen einen Gegenstand an eine andere Stelle und das Kind muss sagen, was sich verändert hat.

● **Echo:** Auf dem Spaziergang lassen sich oft die schönsten Echos erzeugen. Etwa, wenn man durch eine Unterführung geht und laut schreit oder wenn man in eine Beton- oder sonstige Röhre hineinschreit.

Malen und Gestalten

Alles, was Ihr Kind schon bisher in seinem „Kunstregal" hat, braucht es auch weiterhin: Papier, Farben, Pinsel, Stifte, Knetmasse, Pappe und so weiter. Bilder und Zeichnungen werden in diesem Jahr genauer und differenzierter. Wichtig ist immer noch, dass das Kind völlig frei malen und gestalten kann, dass seiner Fantasie keine Grenzen gesetzt werden. Das heißt natürlich nicht, dass es keine Anregungen bekommen sollte. Kinder nehmen sehr gerne die Vorschläge und Angebote der Erwachsenen auf, denn sie wollen ja ständig etwas dazulernen. Interessante Anregungen ergeben sich jetzt auch aus Ausstellungsbesuchen. Vorschulkinder lassen sich sehr gut für Kunst interessieren. Günstig ist es, wenn Sie Ihrem Kind in der Ausstellung Malstile etc. erklären können. Drängen Sie ihm aber nicht Ihre eigenen Kunstvorlieben auf, sondern lassen Sie es eigene Auffassungen und Vorlieben gewinnen. Wichtig ist natürlich auch, dass das Kind für eigene Werke Anerkennung und Lob bekommt.

● **Gebäude aus Karton:** Aus alten Schachteln lassen sich wunderbar Puppenhäuser, Burgen, Tunnels, Schulhäuser und so weiter bauen. Türen und Fenster werden mit der Schere hineingeschnitten. Die Gebäude können außen bemalt, Kamine und Balkone aufgeklebt werden. Am besten eignen sich Schuhschachteln dafür.

Eine Krone für die Königin und den König der Bastler ist schnell auf einem Spaziergang gefertigt.

Masken lassen sich aus leichtem Karton machen. Es wird das gewünschte Gesicht – wieder mit Löchern für Augen, Nase und Mund – ausgeschnitten und bemalt oder beklebt. Dann wird links und rechts ein kleines Loch gebohrt, durch das ein dünner Gummi gezogen wird (dabei müssen Sie Ihrem Kind sicher anfangs noch helfen), damit die Maske am Kopf festhält.
Eine andere Variante wäre: Sie lassen seitlich an der Maske einen Kartonstreifen stehen (siehe Abb.), der später hinten am Kopf zusammengeklebt wird.

● **Spinnenmobile:** Aus einer runden Käseschachtel und ein paar bunten Pfeifenreinigern lässt sich eine lustige Spinne basteln. Auf die Käseschachtel wird das Spinnengesicht aufgemalt. Acht Pfeifenreiniger für die Beine werden jeweils in der Mitte abgeknickt und entweder auf die Rückseite der Schachtel geklebt oder durch kleine Löcher seitwärts hineingesteckt. Mit einem Faden lässt sich die Spinne aufhängen.

● **Bäume:** Aus dünnen Pappröllchen lassen sich schöne Bäume basteln, die man in ein Klümpchen Plastilin „einpflanzen" oder in einen Joghurtbecher stellen kann: Die Papprolle oben einschneiden, die so entstandenen „Äste" nach außen biegen. Dann aus grünem Seiden- oder Krepppapier oder aus bemaltem weißem Papier Blätter ausschneiden und an die Äste kleben.

● **Falten:**
• Schachtel: Quadratisches Papier jeweils über die Kantenmitte falten. Dann aufklappen und die Außenkanten wieder bis zur Mitte falten. So entstehen insgesamt 16 Faltkästchen (auf jeder Seite vier). Danach je ein Kästchen einschneiden: links oben von der Seite; rechts oben von oben: rechts unten von der Seite; links unten von unten. Die Ränder ein Kästchen breit nach oben falten und an den Ecken zusammenkleben. Fertig ist die Schachtel. Klebt man aus einem schmalen Papierstreifen noch einen Henkel daran, hat man ein Körbchen.

• Stern: Ein quadratisches Folienpapier über den Diagonalen und den Kantenmitten falten, danach wieder aufmachen. An den vier Seitenmitten jeweils etwas über die Hälfte einschneiden. Dann die losen Ecken jeweils zur Faltlinie über die Mitte falten, dass vier Spitzen entstehen. Ein besonders schöner Doppelstern entsteht, wenn man zwei Sterne dieser Machart so aufeinanderklebt, dass die Spitzen versetzt sind.

• Minidrachen: Ein quadratisches Papier einmal über die Diagonale falten. Dann die beiden äußeren Ecken zur gefalteten Linie falten und festkleben. Mit einem Schnürchen am spitzen Ende ist es ein lustiger Puppendrachen entstanden.

• Flugzeug: Ein DIN-A4-Blatt der Länge nach in der Mitte falten und wieder aufklappen.
Dann an einer Seite die beiden Ecken zur Mitte hin falten. Danach die beiden äußeren Ecken der entstandenen Dreiecke ebenfalls schräg zur Mittelfaltlinie hinfalten. Am anderen Ende behält das Papier dabei seine ursprüngliche Breite. Die oberen beiden Ecken jetzt zur Mittellinie falten. Dann das ganze Gebilde in der Mitte nach unten falten, umdrehen und die Seiten nach oben. Die entstandenen „Flügel" seitwärts aufbiegen – fertig.

● **Masken:** Zeigen Sie Ihrem Kind, wie man aus Papiertüten (auf keinen Fall Plastiktüten – Erstickungsgefahr!) Masken basteln kann. Aus der Tüte werden Schlitze oder runde Löcher für Augen, Mund und Nase ausgeschnitten. Dann kann die Tüte bemalt oder mit bunten Wollfäden beklebt werden. So entstehen noch Haare und Bart. Dann kommt die Tüte über den Kopf.

● **Punkte malen:** Malen Sie für Ihr Kind auf ein Blatt Papier mehrere dicke Punkte auf. Das Kind soll aus diesen Punkten ein Bild machen. Das kann eine Blume werden, ein Haus, eine geometrische Figur, eine Person und so weiter.
Macht es dem Kind Spaß, können Sie mehrere Blätter Papier mit Punkten in unterschiedlicher Anordnung vorbereiten. Es sollten nicht mehr als fünf oder sechs Punkte sein. Und alle Punkte müssen in dem Bild „verarbeitet" werden.

● **Geld herstellen:** Geben Sie Ihrem Kind verschiedene Geldmünzen und ein Stück Papier. Dann wird das Papier auf die Münzen gelegt und mit einem Bleistift oder Farbstift fest darübergemalt. Die Struktur der Münze bildet sich auf diese Weise auf dem Papier ab.
Danach kann das Kind die Papiermünzen ausschneiden und hat so „richtiges" Geld zum Spielen.

● **Kartoffeldruck:** Kartoffeln werden in Rechtecke, Dreiecke, längliche und runde Stücke oder in Stempel mit Muster geschnitten. Dann mit Tusch- oder Deckfarben bestreichen oder darin eintauchen und aufs Papier drücken. So können schöne Muster und Bilder „gedruckt" werden.
Dasselbe geht übrigens auch mit alten Flaschenkorken oder Radiergummis.

● **Zeitungsfiguren:** Geben Sie Ihrem Kind eine Zeitung. Daraus kann es unterschiedliche Schnipsel – große, kleine, runde, ovale, eckige – ausreißen oder -schneiden. Die werden auf ein großes Blatt Papier geklebt und dann mit einem dicken Stift (am besten Filzstift) Konturen, Gesichter, Striche oder Punkte dazugemalt, sodass richtige Figuren (oder Tiere, Blumen, Bäume etc.) erkennbar werden.

● **Puppenkleider:** Dazu braucht das Kind Ihre Hilfe. Sie zeichnen eine einfache Puppe auf ein festeres Stück Papier und schneiden sie aus (das Ausschneiden kann auch das Kind besorgen). Dann zeichnen Sie mehrere Puppenkleider in derselben Größe wie das Kleid, das die Puppe trägt. Die Kleider kann Ihr Kind bunt bemalen und anschließend ausschneiden, um die Puppe auch mal anders anzuziehen.

● **Gesichter:** Malen Sie auf ein Blatt Papier mehrere runde oder ovale Formen. Ihr Kind kann daraus verschiedene Gesichter malen.

Bewegungsspiele

Alle Turn- und Bewegungsübungen, die Sie im letzten Jahr schon mit Ihrem Kind gemacht haben, können Sie auch in diesem Jahr weitermachen. Wichtig ist auch, dass das Kind ausreichend Zeit und Möglichkeit hat, zu toben, zu klettern, zu balancieren und zu springen. Zwar werden auch

In dem Rad wird sich der Wind gut fangen

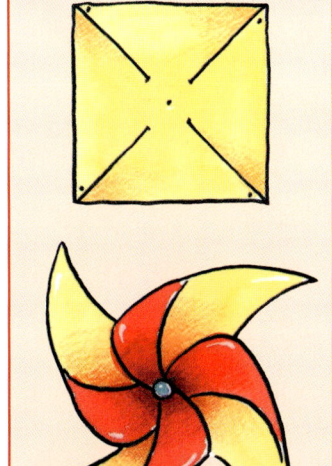

Ein quadratisches Papier wird über den beiden Diagonalen gefaltet und dann wieder aufgemacht. Von den vier Ecken aus wird an der gefalteten Linie entlang jeweils etwas über die Hälfte eingeschnitten. Danach jede zweite Spitze zur Mitte des Papiers hin falten. Wer will, kann zum Schluss das Windrad mit einer Stecknadel an einem dünnen Stock befestigen.

im Kindergarten Turn- und Gymnastikübungen gemacht. Doch erfahrungsgemäß reicht dies für die Bedürfnisse des Kindes nicht aus (auch der spätere Schulsport ist viel zu wenig). Gerade, wenn sich schon Haltungsschäden andeuten, ist Bewegung und Sport besonders wichtig, um die Muskeln, den Halteapparat (Bänder und Sehnen) zu stärken. Bewegung fördert jedoch nicht nur den Muskelaufbau, sondern auch Schnelligkeit, Beweglichkeit, Geschicklichkeit, Ausdauer, Koordination und ist außerdem gesund für alle Organe sowie Herz und Kreislauf. Spazierengehen, Bergsteigen, Schwimmen, Rad-, Rollschuh- (im Winter Schlittschuh-)fahren und Ballspiele sind Sportarten, die Kindern Spaß machen und viel bringen. Hat Ihr Kind daheim zu wenig Möglichkeiten, können Sie es auch zum Kinderturnen oder einer anderen Sportart in einem örtlichen Sportverein anmelden. Achten Sie aber bitte darauf, dass die Kurse kindgemäß sind und dass die Kinder nicht mit Strenge zu Höchstleistungen angetrieben werden. Bewegung muss Spaß machen! Hier finden Sie noch einige Vorschläge, wie Sie Ihr Kind zu Hause oder im Freien zu Turn- und Gymnastikspielen anregen können.

Ein Wettrennen mit zusammengebundenen Innenbeinen von zwei Kindern sorgt für recht viel Freude und dementsprechendem Geschrei auf einer Geburtstagsfeier.

● **Gymnastik:**
• Yogasitz: Im leichten Grätschsitz auf den Boden setzen. Das rechte Bein auf den linken Oberschenkel legen, ganz weit nach oben zur Hüfte. Dann das linke Bein auf den rechten Oberschenkel. Mit den Händen seitlich abstützen. Danach die Beine wechseln.
• Beine über den Kopf: Auf den Boden setzen, den Kopf nach unten, Beine geschlossen, Hände seitlich abgestützt. Dann mit Schwung die Beine nach hinten über den Kopf und dabei auf den Rücken legen. Die Beine ausgestreckt, sodass sie hinter dem Kopf den Boden berühren können. Langsam wieder zurück (oder vorsichtig nach der Seite umkippen lassen).
• Die Knie beugen, auf den Fersen sitzen. Dann einatmen und gleichzeitig mit ausgestreckten Armen den Körper weit nach oben strecken. Danach ausatmen und dabei nach vorne beugen, einen runden Rücken machen und die gestreckten Arme nach vorne. Der Po bleibt auf den Fersen.
• Auf den Bauch legen, Ellenbogen gebeugt, Hände in Schulternähe auf den Boden. Dann die Arme langsam strecken, dass der Rumpf mit nach oben geht, den Kopf nach hinten strecken und die Beine abwinkeln. Die Füße sollen möglichst nah an den Kopf kommen.
• Auf den Boden setzen, Beine gestreckt, Hände seitlich aufgestützt, Finger zeigen vom Körper weg. Dann Hände und Füße fest auf den Boden pressen, den Körper ganz gestreckt halten und mit dem Bauch nach oben gehen, als wäre man eine Rutschbahn.
• Auf den Boden setzen, Beine ausgestreckt, Hände seitlich abgestützt. Dann die gestreckten Beine hochheben. Wenn dies gut klappt und der Körper in der Haltung ausbalanciert ist, kann man die Hände zur Seite strecken. Alle Muskeln anspannen.

Kästchen springen

● **Springen und balancieren:**
• Lassen Sie Ihr Kind auf einer niedrigen Mauer oder etwa der Einfassung eines Sandkastens balancieren. Weil es das einfache Balancieren natürlich schon kann, kommen jetzt Hindernisse dazu. Spielzeug, ein Sandkuchen oder größere Steine sind zu „übersteigen", ohne dass sie berührt oder heruntergestoßen werden. Der Schwierigkeitsgrad wird noch um einiges erhöht, wenn das Kind dabei etwas tragen muss – eine Puppe, den Teddy, Sandspielzeug etc. So kann es die Hände nicht zum Ausbalancieren benutzen.
• Zielspringen: Legen Sie einen Reifen auf den Boden. Es geht auch eine Schnur, die zu einem Kreis gelegt ist (im Freien kann man mit einem Stock einen Kreis auf die Erde ziehen). Der Durchmesser des Ziels sollte etwa 60 Zentimeter betragen, und das Kind sollte etwa aus 50 Zentimetern Entfernung in dieses Ziel hineinspringen. Beim Aufkommen müssen die Hände den Boden berühren.
• Hindernisspringen: Legen Sie ein Seil, ein Tuch oder ein anderes längliches Hindernis auf den Boden. Das Kind soll mit beiden Beinen gleichzeitig darüberspringen. Der Abstand wird vergrößert. Auch dabei ist es wichtig, dass das Kind beim Aufkommen in die Knie geht – also mit den Händen den Boden berührt.
• Geeignet ist die Einfassung eines Sandkastens, ein Baum oder ein Balken. Das Kind soll sich mit seinen Händen an der Einfassung abstützen und dann mit beiden Füßen gleichzeitig daraufspringen und wieder herunter. Schwieriger: mit beiden Händen aufstützen und mit beiden Beinen drüberspringen, auf die andere Seite. Und wieder zurück.
• Kästchen springen: Auf den Boden werden acht Felder (zwei nebeneinander, vier übereinander) aufgezeichnet. Das Kind muss diese Felder von unten nach oben und wieder zurück durchspringen, ohne dabei auf die Striche zu treten. Und zwar folgendermaßen: Mit beiden Beinen ins untere linke Kästchen, dann mit beiden Beinen ein Kästchen überspringen, dabei umdrehen zur Seite, beim Sprung ins oberste Kästchen wieder drehen. Dann Sprung ins zweite oberste Kästchen mit einer vollen Drehung, damit der Rückweg wieder sichtbar wird. Auf dieselbe Weise wieder zurück. Kästchenspringen kann auf vielfältige Weise variiert werden: zickzack, von einem Kästchen in das daneben liegende, dazu abwechselnd Grätschsprung oder mit geschlossenen Beinen oder auf einem Bein. In den Kästchen können auch Hindernisse liegen, die übersprungen werden müssen. Auch die Anordnung der Kästchen kann variiert werden: drei Kästchen hintereinander, beim vierten noch eines links

Ein Stück Straßenkreide und ein kleiner Stein – fertig ist das Spiel, das Kinder durchaus einen ganzen Nachmittag lang beschäftigen kann.

Ein weiteres Highlight bei jedem Kinderfest ist das altbewährte Sackhüpfen.

und eines rechts davon und darüber noch ein einzelnes. Oder drei nebeneinander, vier übereinander.

● **Ballspiele:**
• Den Ball auf ein Ziel zurollen. Stellen Sie zum Beispiel einen Eimer (Papierkorb) in ungefähr zwei Meter Entfernung auf. Das Kind soll den Ball so darauf zurollen, dass das Ziel getroffen wird. Wenn es das schon gut kann, wird das Ziel weiter entfernt oder der Ball über eine schräge Fläche gerollt.
• Das Kind soll den Ball mit der Hand auf den Boden prellen. Anfangs muss der Untergrund möglichst glatt sein und der Ball muss gut springen. Dann wird mitgezählt, wie oft der Ball auf dem Boden aufkommt und gleich wieder zurückgeschlagen werden kann. Das eignet sich auch gut für Wettspiele. Die etwas schwierigere Variante: Beim Prellen wird langsam vorwärts gegangen und bei jedem Schritt muss der Ball einmal auf dem Boden aufkommen.
Den Ball kann man auch gegen eine Wand prellen lassen und immer wieder auffangen.
• Werfen: Den Ball hochwerfen und wieder auffangen. Oder ihn in ein Ziel, etwa einen Eimer oder eine als Kreis gelegte Schnur oder einen Karton, werfen.
Auch beim Hochwerfen kann man vorwärts gehen. Da wird das Fangen schwieriger.
Viel Spaß macht es auch, wenn das Kind einen Partner hat, der den Ball fängt und wieder zurückwirft. Am Anfang aus geringem Abstand und dann aus immer größerem.
• Drei Kinder sitzen sich im Grätschsitz gegenüber. Sie lassen den Ball von einem zum anderen rollen. Das kann „durcheinander" gehen oder im Uhrzeigersinn.
• Rollen Sie Ihrem Kind einen Ball zu. Wenn er ankommt, muss es darüberspringen. Einmal mit gegrätschten Beinen, einmal mit geschlossenen Beinen.
• Spannen Sie eine Leine in 1,50 Meter Höhe. Dann soll das Kind den Ball über die Leine werfen, nachlaufen und ihn wieder holen.
• Sie spielen mit ihm gemeinsam: Den Ball so über die Leine werfen, dass er drüben auf dem Boden aufprallt und dann gefangen wird.
• Sie stehen sich in größerer Entfernung gegenüber und werfen sich den Ball zu, dabei den Abstand immer mehr vergrößern.
• Jonglieren mit zwei kleinen, handgerechten Bällen kann im Ansatz jetzt probiert werden.
• Auch die ersten Federballspiel-Versuche kann man schon unternehmen. Lassen Sie zu Beginn das Kind erst mal allein mit dem Federball und dem Schläger etwas spielen, damit es ein Gefühl dafür entwickeln kann.

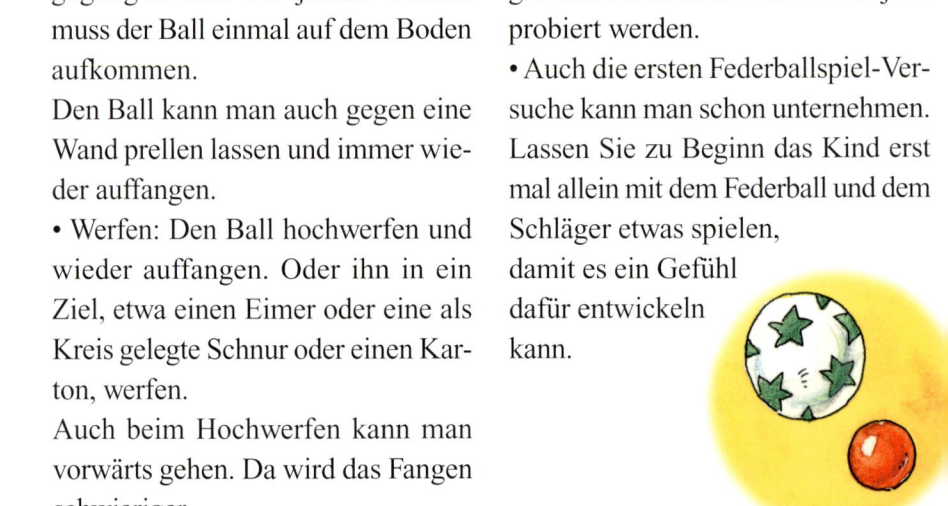

Zehntes Kapitel

Die beste Ernährung für Kinder

Für die gesunde und optimale Entwicklung eines Kindes spielt die Ernährung eine große Rolle. Insbesondere im Säuglings- und Kleinkindalter, in dem ein Kind ungeheuer schnell wächst, ist der Bedarf an Nährstoffen und Flüssigkeit enorm hoch. So benötigt etwa ein Baby im ersten Vierteljahr seines Lebens täglich ein Sechstel seines Körpergewichts an Flüssigkeit (das ist so viel, wie wenn ein 60 Kilogramm schwerer Erwachsener jeden Tag zehn Liter trinken würde) und 120 Kalorien (kcal) Nahrung pro Kilogramm Körpergewicht. Zudem muss die Nahrung in ihrer Zusammensetzung von Eiweiß, Fett, Kohlenhydraten, Vitaminen und Mineralstoffen genau dem jeweiligen Entwicklungsstand angepasst sein. Das gilt nicht nur für Säuglinge. Während der gesamten Wachstumszeit des Kindes ist die Menge und vor allem die Zusammensetzung der Nahrung besonders wichtig, um Schäden und Störungen zu vermeiden. Doch so kompliziert, wie es sich im ersten Moment anhört, ist die optimale Baby- und Kinderernährung gar nicht.

Die Ernährung im ersten Lebensjahr

Das Beste, was eine Mutter ihrem Kind in den ersten Monaten geben kann, ist Muttermilch. Sie enthält alle Nährstoffe, die der kleine Organismus braucht, in ausreichender Menge und der richtigen Zusammensetzung. Gleichzeitig wird beim Stillen der Flüssigkeitsbedarf des Babys gedeckt, und es bekommt spezielle Verdauungsenzyme und Immunglobuline, die es vor Infektionen, besonders der Verdauungsorgane, schützen.

Nach neuesten Erkenntnissen kann ein Baby bis zum sechsten oder siebten Lebensmonat ausschließlich mit Muttermilch ernährt werden. Erst danach braucht es ein zusätzliches Nährstoffangebot. Denn Muttermilch ist nicht nur von ihrer Zusammensetzung her ideal, sie passt sich auch den sich verändernden Bedürfnissen des Kindes an, sowohl bei jeder einzelnen Mahlzeit – anfangs ist sie „dünn" und stillt den Durst, später ist sie fettreich und still den Hunger – als auch im Laufe der Entwicklung. Die Menge sowie Eiweiß- und Fettgehalt verändern sich entsprechend dem Bedarf. Die beste Methode ist, das Kind immer dann zu stillen, wenn es Hunger hat. Das ist in den ersten Wochen etwa alle vier Stunden (das ist ein angeborener Rhythmus rund um die Uhr, der erst im zweiten Monat von einem Tag-Nacht-Rhythmus überlagert wird). Es kann aber auch mal bereits nach drei Stunden oder erst nach fünf Stunden der Fall sein. Ein starrer Rhythmus empfiehlt sich nicht, weil ein Baby, das schon eine Stunde vor Hunger schreien musste, oder eines, das wegen des Fütterns geweckt wird, schlechter trinkt. Dies kann sich wiederum negativ auf die Milchproduktion auswirken. Denn diese regelt sich am besten nach dem Muster von „Angebot und Nachfrage". Später, etwa ab dem zweiten, dritten Monat – das ist von Kind zu Kind sehr unterschiedlich –, fallen dann die Nachtmahlzeiten weg und das Kind kommt meist mit vier Mahlzeiten am Tag aus.

Das Beste für Ihr Baby: Stillen – ohne Angst und Stress

Mütter, die Medikamente einnehmen müssen, sollten sich bei ihrem Arzt darüber informieren, ob diese Präparate dem Kind schaden oder in die Muttermilch übergehen. Nur in den seltensten Fällen muss eine Frau wirklich wegen Medikamenteneinnahme abstillen. Auch Umweltschadstoffe, die in der Muttermilch manchmal in höherer Konzentration vorhanden sind als in der Kuhmilch, sind in aller Regel kein Grund abzustillen. Viele Untersuchungen haben bewiesen, dass die Vorteile des Stillens (für Mutter und Kind) die Nachteile einer Belastung bei weitem überwiegen. Da Kinder nicht bei jeder Mahlzeit gleich viel zu sich nehmen (wie Erwachsene auch), ist es nicht nötig, ein Baby nach jeder Mahlzeit zu wiegen. Oder gar, wie es manchmal in Kliniken noch empfohlen wird, vor und nach der Stillmahlzeit. Die schwankenden Ergebnisse, die dabei zwangsläufig herauskommen, machen Mütter nur nervös. Es reicht völlig, wenn die Gewichtszunahme einmal wöchentlich überprüft wird.
In den ersten drei Monaten sollte ein Baby 130 bis 180 Gramm pro Woche zunehmen, im vierten bis sechsten Monat 100 bis 150 Gramm.
Etwa ab dem sechsten oder siebten Monat kann dann langsam abgestillt werden: Ersetzen Sie erst eine, dann eine weitere Stillmahlzeit durch eine Breimahlzeit (Gemüsebrei). Dadurch wird die Muttermilch automatisch weniger. Eine bis zwei Stillmahlzeiten (meist morgens und/oder abends) können ohne weiteres noch bis zum zwölften Lebensmonat beibehalten werden.
Übrigens: Wenn Sie Probleme beim Stillen haben oder unsicher sind, können Sie sich an eine Stillgruppe wenden. Solche Gruppen – das sind Frauen, die sich gegenseitig unterstützen – gibt es in fast allen Orten und Städten. Adressen können Sie beim Kinderarzt, Frauenarzt, bei Mütter- oder Frauengruppen am Wohnort erfragen. Oftmals stellen sich Stillgruppen durch Aushänge oder Flugblätter auch schon in der Entbindungsstation vor.

Die Deutsche Gesellschaft für Ernährung rät

Ein ausgewogener und gesunder Speiseplan sollte für ein Kleinkind jeweils ein Produkt aus folgenden Nahrungsmittelgruppen enthalten: täglich Milch und Milchprodukte (Käse, Joghurt, Quark); Fleisch, Wurst, Fisch, Eier (nur ein- bis zwei Mal in der Woche); Brot, Getreideflocken, Reis, Nudeln, Kartoffeln (tägl.); Gemüse (tägl.); Obst oder Obstsaft (tägl.); Fette und Öle (tägl., Nahrung hat i. d. R. genügend verstecktes Fett); Getränke.

Ernährung mit der Flasche: Frauen, die aus welchen Gründen auch immer nicht stillen, können ihr Baby dennoch gesund ernähren. Mit industriell gefertigter Flaschennahrung. Sie ist in ihrer Zusammensetzung heute weitgehend der Muttermilch nachempfunden (vollständig gelingt das leider immer noch nicht). Wichtig ist dabei, dass die dem Alter entsprechende Fertigmilch verwendet und die Zubereitungsangaben des Herstellers genau beachtet werden. Also nie mehr Milchpulver verwenden, als auf der Packung angegeben ist, denn sonst besteht die Gefahr, dass Sie Ihr Baby überfüttern.

Von den Milchmahlzeiten hin zu fester Nahrung

Auch bei der Ernährung mit der Flasche sollten Sie sich dem Hungerrhythmus des Babys anpassen. Sowohl, was die Zeit angeht, als auch bei der Menge. Eine Gewichtskontrolle reicht ebenfalls einmal pro Woche. Flaschenkinder nehmen manchmal mehr zu, als ihnen gut tut. Ist es bei Ihrem Baby auch so, können Sie versuchen, eine Nachtmahlzeit durch ungesüßten Tee (keinesfalls schwarzer Tee!) zu ersetzen. Das spart Kalorien.

Bekommt das Baby seine Nahrung aus der Flasche, empfiehlt es sich, bereits ab dem vierten Monat Obstsäfte (anfangs nur löffelweise) und Gemüsebreie zuzufüttern, um eine ausreichende Vitaminversorgung zu gewährleisten.

Im **zweiten Halbjahr**, wenn das Kind Zähne bekommt, wird es langsam auf feste Nahrung umgestellt. Das heißt, dass nach und nach in den folgenden Monaten die Milchmahlzeiten durch Gemüse- oder Vollmilchbrei ersetzt werden (siehe Tabelle). Als Breimahlzeiten bietet sich industrielle Fertignahrung an. An diese Kost werden besonders hohe Anforderungen in Bezug auf Zusammensetzung, Schadstoffgehalt, Vitamin- und Mineraliengehalt gestellt. Was die ausreichende Versorgung mit Nährstoffen betrifft, ist sie also sehr sicher. Manche Mütter möchten aber für ihr Baby lieber selbst kochen, weil ihnen die Fertigmenüs zu süß oder zu stark gesalzen sind. Das ist ohne weiteres möglich, wenn sie dabei beachten, dass sie nur ganz frisches Obst und Gemüse verwenden (bei langer oder schlechter Lagerung gehen viele Vitamine und Mineralstoffe kaputt), wenig Salz (zum Würzen sind frische Kräuter besser), wenig Zucker und möglichst nur pflanzliche Fette mit einem hohen Anteil an mehrfach ungesättigten Fettsäuren.

Gegen Ende des ersten Lebensjahres darf das Kind dann schon gelegentlich am Familientisch mitessen, wenn es etwas gibt, das weder zu scharf gewürzt, geräuchert oder zu fett ist.

Frisches Obst ist einer der besten Vitaminspender für das heranwachsende Kind. Davon kann es eigentlich nie genug bekommen.

Nahrung im ersten Jahr 143

Ernährungstabelle fürs erste Lebensjahr

	morgens	vormittags	mittags	nachmittags	abends
1. bis 4. Monat	Stillen oder Fläschchen	Stillen oder Fläschchen	Stillen oder Fläschchen	Stillen oder Fläschchen	Stillen oder Fläschchen
ab 5. Monat	Stillen oder Fläschchen	Stillen oder Fläschchen	Brei	Stillen oder Fläschchen	Stillen oder Fläschchen
ab 6. Monat	Stillen oder Fläschchen	Stillen oder Fläschchen	Brei	Stillen oder Fläschchen	Brei
ab 7. Monat	Stillen oder Fläschchen	Stillen oder Fläschchen	Brei	Brei	Brei
10. bis 12. Monat	Milch + Brot	Getreide + Obst + Banane	Gemüse + Kartoffel + Fleisch	Getreide + Obst + Banane	Milch + Brot + Obst

Stillen
Fläschchenmahlzeit
Milch

Gemüse
Kartoffeln
Fleisch

Getreideprodukte
Obst
Brot

Gemüse-Kartoffel-Fleisch-Brei

Obst-Getreide-Brei

Vollmilch-Getreide-Brei

oder   Stillen oder Fläschchengeben unabhängig von der Tageszeit nach Hunger des Babys!

Kleinkind-Ernährung

Im Laufe des zweiten Lebensjahres will und kann das Kind immer mehr am Familientisch mitessen. Es lernt das Besteck zu gebrauchen – was am Anfang sehr schwierig für Kinder ist –, entwickelt Vorlieben für und Abneigungen gegen bestimmte Speisen.

Zwei Dinge sind jetzt besonders wichtig: Erstens soll ein Kind nie zum Essen gezwungen werden. Weder dazu, bestimmte Speisen zu essen, noch dazu, bestimmte Mengen zu essen. Kinder haben noch ein sehr gut funktionierendes Hunger- und Sattgefühl, und wenn sie einmal etwas nicht mögen oder etwas sehr bevorzugen, dann braucht ihr Körper das auch.

Einzige Ausnahme: Süßigkeiten. Diesem Verlagen sollte nur be-

Wenn Sie Ihrem Kind eine ausgewogene, gesunde Ernährung zukommen lassen und dafür sorgen, dass es ausreichend viel frische Luft bekommt, können ihm Krankheiten nicht mehr so viel anhaben.

schränkt nachgegeben werden (ganz verbieten hat wenig Sinn, denn Verbotenes bekommt nur einen umso höheren Reiz).

Ansonsten gilt: Mit jeglicher Form von Zwang, auch dem sanften („Iss noch ein Löffelchen für Papa ..." oder „Nur wenn du alles aufisst, wirst du schön groß und stark wie Opa"), besteht die Gefahr, dem Kind Essstörungen anzuerziehen.

Eine ausgewogene Ernährung für die ganze Familie

Der zweite wichtige Punkt ist die Frage: Ernährt sich die Familie gesund? Wie der Ernährungsbericht der Deutschen Gesellschaft für Ernährung in regelmäßigen Abständen nachweist, essen die meisten Erwachsenen „zu viel, zu fett, zu süß, zu salzig". Gerade das aber würde einem Kleinkind sehr schaden, denn es hat noch einen ganz spezifischen Nahrungsbedarf. Das heißt, es benötigt mehr hochwertiges Eiweiß (in Fleisch und Fisch enthalten) als ein Erwachsener, mehr Kalzium (hauptsächlich in Milch und Milchprodukten), mehr Eisen (Fleisch, Obst und grüne Gemüse) und mehr Vitamine, um sich rundum gesund zu entwickeln.

Wenn Ihr Kind also beginnt, am Familientisch mitzuessen, so kann das eine gute Gelegenheit sein, Ihre eigenen Ernährungsgewohnheiten zu überprüfen. Zumindest sollten Sie für Ihr Kind extra kochen, wenn Sie selbst große Vorlieben für scharfe, salzige, süße, fette oder geräucherte

Speisen oder Fertiggerichte (sie enthalten viele Zusatzstoffe, die Kinder oft nicht vertragen können) haben und Ihre Ernährung nicht umstellen wollen.

Doch welche Nährstoffe brauchen Kinder zwischen eins und sechs und wie sieht gesunde Ernährung aus, die auch für kleine Kinder geeignet ist? Kinder zwischen ein und drei Jahren benötigen durchschnittlich 1100 kcal pro Tag, zwischen vier und sechs Jahren rund 1500 kcal. An Nährstoffen benötigen die Kleinen täglich: 600 Milligramm Kalzium, 8 Milligramm Eisen, 55 Milligramm Vitamin C, von den übrigen Vitaminen jeweils unter einem Milligramm. Außerdem noch rund 40 Gramm Eiweiß, 45 Gramm Fett und 140 Gramm Kohlenhydrate.

Die größeren Kinder: 700 Milligramm Kalzium, 8 Milligramm Eisen, 60 Milligramm Vitamin C, von den übrigen Vitaminen weniger als ein Milligramm. Zudem 50 Gramm Eiweiß, 60 Gramm Fett, 185 Gramm Kohlenhydrate.

Diese Mengen sind Durchschnittswerte, es kann also durchaus individuelle Abweichungen nach oben und unten geben. Das hängt von der Größe des Kindes und von seinem Körperbau ab.

Beispiel eines ausgewogenen und gesunden Tagesmenüs

Diese Nährstoffe sind zum Beispiel in folgendem „Tagesmenü" enthalten (Angaben für die Kleinen, bei den Größeren können Sie jeweils ein paar Gramm dazugeben): 300 Milliliter Milch (3,5 Prozent Fett), 15 Gramm Käse, 50 Gramm Fleisch oder Wurst, 20 Gramm Koch- oder Streichfett, 140 Gramm Brot, 100 Gramm Kartoffeln, 15 Gramm Zucker, 200 Gramm frisches Gemüse, 150 Gramm frisches Obst.

Mit den richtigen Lebensmitteln die Schadstoffbelastung reduzieren

Sie sehen also, ein Kleinkind muss gar nicht so viel essen, um ausreichend und gesund ernährt zu werden. Natürlich müssen Sie auch nicht täglich Milligramm, Gramm, Kalorien oder Kohlenhydrate zählen oder sich gar auf einige wenige Lebensmittel beschränken.

Noch ein Wort zur Schadstoffbelastung von Lebensmitteln. Heute ist es kaum noch möglich, irgendein Nahrungsmittel zu kaufen, das völlig frei von Umweltgiften ist. Selbst bei

Fast ein König ist derjenige kleine Erdenbürger, dessen Mutter sich ausreichend um gesunde Nahrungsmittel aus kontrolliert biologischem Anbau kümmert, denn sein kleiner Körper bleibt zwar nicht von allen, doch immerhin von einigen Schadstoffen verschont.

Die beste Ernährung für Kinder

Nicht alles, was gut schmeckt, ist auch für unseren Körper am besten geeignet.

Zum Leidwesen fast aller Kinder gehören Süßigkeiten nicht zu den gesunden Nahrungsmitteln.

Obst und Gemüse aus kontrolliert biologischem Anbau gibt es keine Garantie, dass es nicht Schadstoffe aus der Luft (wie Blei oder Dioxin) enthält. Dennoch muss man nicht verzweifeln, denn mit einiger Überlegung kann man die Schadstoffe für Kinder zumindest stark reduzieren.

● **Fleisch** sollte möglichst mager sein, denn im Fettgewebe werden die meisten Gifte gespeichert.
Innereien für Kinder bitte nur vom Kalb (wenn es nicht gerade einen Mästskandal gibt, sind sie am wenigsten belastet), aber nur ein Mal im Monat.

● **Eier** möglichst nur aus artgerechter Bodenhaltung, wobei Bodenhaltung allein jedoch noch nichts über die Qualität des Hühnerfutters aussagt.

● **Vollkorngetreide** möglichst nur aus kontrolliert biologischem Anbau (Demeter, Bioland, ANOG, Biokreis e. V., Naturland sind die Marken, deren Hersteller sich strengsten Kontrollen unterwerfen), denn die Schadstoffe beim Getreide sitzen in der Schale. Doch dort sitzen leider auch die meisten Nährstoffe, weshalb es wenig sinnvoll ist, geschältes, weiß gemahlenes oder auch poliertes Korn in den Speiseplan zu nehmen.

● **Gemüse** am besten nach Jahreszeit kaufen, so wie es bei uns wächst, oder tiefgefroren.
Treibhausgemüse kann sehr hohe Nitratkonzentrationen aufweisen und hat oft wenig Nährwert.
Tiefgefrorenes Gemüse wird in einem besonders schonenden und schnellen Verfahren erntefrisch eingefroren und verliert deshalb wenig Vitamine und Mineralstoffe.
Übrigens: Spinat (außer Babygläschen), Rote Bete oder Sellerie eignen sich für Kleinkinder nicht, weil sie meist hohe Nitratkonzentrationen aufweisen.

● **Obst**, wenn es denn nicht aus Bio-Anbau stammt, immer sehr gründlich waschen. Schälen ist aus demselben Grund wie beim Korn weniger günstig.

Elftes Kapitel

Rechtzeitig
Störungen erkennen

148 Rechtzeitig mögliche Störungen erkennen

Die in letzter Zeit eingeführte U10 ist für 14- bis 15-Jährige in der Pubertät gedacht.

Jedes Kind hat Anspruch auf neun Vorsorgeuntersuchungen bis zur Einschulung. Sie werden in ganz Deutschland einheitlich von allen Kinderärzten nach einem detaillierten Programm ausgeführt. Geprüft wird die gesunde Entwicklung auf körperlichem, seelischem und geistigem Gebiet. Der Sinn ist, so frühzeitig wie möglich eventuelle Störungen oder Verzögerungen festzustellen, um rechtzeitig mit einer notwendigen Behandlung beginnen zu können. Denn manche Störung kann nur in sehr frühem Alter mit Erfolg behandelt werden. Eltern sollten diese Vorsorgeuntersuchungen auf jeden Fall in Anspruch nehmen. Auch dann, wenn sich das Kind scheinbar optimal entwickelt und völlig gesund ist. Jede Untersuchung ist für eine bestimmte Altersphase vorgesehen, in der das Kind gerade wichtige Entwicklungsschritte hinter sich hat, die bei der Untersuchung sehr genau überprüft werden.

U1
nach der Geburt

Sie wird gleich nach der Geburt noch im Kreißsaal vom Geburtshelfer durchgeführt. Im Mittelpunkt steht der so genannte APGAR-Test (Abkürzung für Atmung, Puls, Grundtonus, Aussehen, Reflexe). Getestet wird eine, fünf und zehn Minuten nach der Geburt. Wenn bei jedem Mal neun bis zehn Punkte zusammenkommen, hat das Baby die Geburt optimal überstanden. Zur U1 gehört außerdem eine gründliche Gesamtuntersuchung. Der Arzt testet mit einer Sonde, ob die Speiseröhre durchgängig ist, sieht sich den Rücken genau an, tastet die Organe ab und schaut, ob die große Fontanelle am Kopf offen ist. Die Ergebnisse werden in ein Vorsorgeheft eingetragen, das die Mutter mit nach Hause bekommt. Bei jeder Vorsorgeuntersuchung kommen die neuen Ergebnisse hinzu.

U2
Basisuntersuchung, 3. bis 10. Lebenstag

Das ist die wichtigste Untersuchung. Sie beinhaltet wieder eine gründliche Untersuchung von Kopf bis Fuß. Insbesondere wird der Hals- und Rachenraum genauestens betrachtet, um Missbildungen auszuschließen. Außerdem wird das Blut auf angeborene Stoffwechsel- oder Hormonstörungen untersucht, die bei sofortiger Behandlung oftmals keine späteren Schäden mehr aufkommen lassen. Selbst wenn die notwendige Behandlung (zum Beispiel eine spezielle Diät bei Stoffwechselstörungen) über viele Jahre oder ein Leben lang durchgeführt werden muss.
Ein wesentlicher Teil der U2 ist die Überprüfung der Reflexe. Reflexe

lassen ziemlich sichere Schlüsse auf Störungen im Zentralnervensystem oder Gehirn zu. Das Neugeborene hat eine Reihe von wichtigen Reflexen, die sein Überleben sichern, später aber wieder verschwinden, ja sogar verschwinden müssen, um die Entwicklung nicht zu gefährden: Suchreflex – wenn Sie Ihrem Baby über die Wange streichen, verzieht es den Mund, wendet den Kopf nach der Seite. Das ist wichtig für die Ernährung. So findet es nämlich die Brust der Mutter. Werden die Lippen berührt, treten der Saug- und Schluckreflex in Aktion. Ein optimales Zusammenspiel zur Nahrungsaufnahme. Diese drei Reflexe verschwinden etwa im dritten Lebensmonat wieder. Bis etwa zum sechsten Lebensmonat besteht der Greifreflex der Hand. Streicht man dem Baby über die Handinnenfläche, macht es eine feste Faust. Derselbe Reflex am Fuß (über die Fußsohlen gestrichen, zieht es die Zehen ein) hält sogar bis zum elften Monat. Der Schreitreflex (stellt man das Neugeborene auf eine Unterlage, „geht" es vorwärts) ist normalerweise im zweiten Lebensmonat verschwunden. Das ist sehr wichtig, weil ein Kind sonst nicht laufen lernen kann.

U3
4. bis 6. Woche

Wieder eine Untersuchung von Kopf bis Fuß. Haut, Organe, Größe und Gewicht werden geprüft. Dabei kommt es nicht so sehr darauf an, dass das Kind irgendwelchen Normgrößen entspricht. Denn schon jetzt können sich genetisch bedingte Wachstumsunterschiede zeigen. Wichtig ist vielmehr, dass kein Missverhältnis zwischen den einzelnen Messdaten besteht. Auch die Größe des Schädelumfangs, die Fontanellen und Abstände der verschiedenen Schädelknochen (die erst später vollständig zusammenwachsen) werden vom Arzt kontrolliert. Wenn der Kopf zu schnell oder zu langsam wächst (beides ist sehr selten), könnte sich das Gehirn nicht richtig entwickeln. Die Reflexe werden ebenfalls wieder getestet. Und bei Jungen sieht der Arzt nach, ob die Hoden im Hodensack sind.

U4
3. bis 4. Monat

Herz, Lunge, Leber und Milz werden abgetastet und abgehorcht. Wichtig ist wieder die Prüfung der großen Fontanelle. Ist sie noch groß genug? Erst mit etwa 18 Monaten darf sie verknöchern. Davor braucht der Kopf diese Öffnung, um optimal wachsen zu können.
Bei dieser Vorsorgeuntersuchung werden die Hüften getestet. Der Arzt spreizt mit einem speziellen Griff die Beine des Babys weit auseinander. Widerstand dabei oder ungleiche Pofalten sind ein Hinweis auf eine

Viele Krankheiten, die in früherer Zeit zu späteren Schäden führten, können heute mit den Vorsorgeuntersuchungen früh genug erkannt und daher rechtzeitig behandelt werden.

Von Kopf bis Fuß und auf Herz und Nieren wird Ihr Kind überprüft, um mögliche Fehlentwicklungen rechtzeitig in den Griff zu bekommen.

Fehlstellung der Hüften. Im Zweifelsfall muss ein Orthopäde eine Ultraschalluntersuchung durchführen (früher wurde sofort geröntgt, heute nach Ergebnis der Ultraschalluntersuchung). Eine Behandlung, die jetzt einsetzt, kann Hüftschäden am besten ausheilen.

Die Motorik überprüft der Arzt jetzt ebenfalls: Er fasst das Baby an den Händen, um es ein Stück hochzuziehen. Es muss den Kopf allein stabil halten können und bereits ein bisschen mitziehen. Spielerisch wird noch getestet, ob das Baby Gegenständen und Geräuschen mit Augen und Kopfbewegungen folgt.

U5
6. bis 7. Monat

Bei dieser Untersuchung darf das Baby dem Arzt vorführen, was es schon alles kann: vom Rücken auf den Bauch drehen, nach Spielzeug greifen, am ausgestreckten Finger des Arztes (oder der Mutter) zum Sitzen hochziehen, seine Füße mit den Händen zum Mund führen. Hat es während der Untersuchung keine Lust „mitzuspielen", reicht es auch, wenn die Mutter dem Arzt bestätigt, dass ihr Kind das alles kann. Einen Test macht der Arzt, der den meisten Babys Spaß macht: Er hält es unter dem Bauch und beugt es nach vorne. Dann muss es sich mit ausgestreckten Armen nach vorne abstützen. All das sind wichtige Voraussetzungen fürs späteres Krabbeln, Sitzen, Stehen und Laufen.

Wichtige Fragen in diesem Alter betreffen die Sprachentwicklung: Ahmt das Kind schon Geräusche nach? Bildet es Laute wie „re", „da" oder „go"? Und natürlich werden wieder Organe, Augen, Ohren und Reflexe geprüft.

U6
10. bis 12. Monat

Diese Untersuchung erfordert meist viel Geduld. Denn das Kind ist jetzt in einem Alter, in dem es fremdelt und sich ungern von Fremden anfassen lässt. Wichtige Fragen für den Arzt sind: Reagiert das Kind auf seinen Namen? Versteht es einfache Aufforderungen? Spricht es Doppelsilben („da-da")? Kann es mit geradem Rücken und gestreckten Beinen sitzen, ohne sich mit den Händen abzustützen? Krabbelt es und versucht es schon mal, sich an Möbeln hochzuziehen? Ein großes Augenmerk wird auch aufs Spielverhalten gelegt. Wie viel Interesse zeigt es für die Details an seinem Spielzeug? Bohrt es mit dem Finger in Vertiefungen herum? Das sind wichtige Voraussetzungen für die Feinmotorik des Greifens. Sie leiten den Übergang vom plumpen Handgreifen zum feinen Fingerspitzengreifen ein. Wie bei jeder Vorsorgeuntersuchung wird das Kind von Kopf bis Fuß auf Krankheiten überprüft und es werden die Reflexe kontrolliert.

U7
21. bis 24. Monat

Neben der üblichen Körperuntersuchung achtet der Arzt jetzt besonders auf die Füße und Beine. Entwickeln sie sich normal, hat das Kind X- oder O-Beine? Notfalls würde er eine orthopädische Behandlung empfehlen. Auch das Gebiss wird genau überprüft. Denn leider gibt es in diesem Alter bei vielen Kindern bereits Kariesschäden. Empfehlungen zur Zahnpflege und Ernährung gehören deshalb auch zu dieser Untersuchung. Ebenso wie die Überprüfung der geistigen und motorischen Fähigkeiten: Kann das Kind schon Körperteile zeigen – etwa auf die Frage: „Wo sind deine Ohren?" Kann es einfache Gegenstände benennen – zum Beispiel „Ball"? Spricht es mindestens zwei Wörter hintereinander? Greift es mit den Fingerspitzen nach Spielzeug? Spielt es koordiniert mit beiden Händen? Steigt es die Treppe hinauf (mit Festhalten am Geländer?)

Dann darf das Kind ein Stück gehen. Dabei beobachtet der Arzt, ob sich Rücken und Hüfte gleichmäßig entwickelt haben. Hinzu kommen noch die üblichen Untersuchungen des Körpers und der Organe.

U8
3 ½ bis 4 Jahre

Wie bereits bei der U7 kommen längst nicht mehr alle Eltern mit ihrem Kind zu dieser Untersuchung. Das ist sehr schade, denn auch jetzt noch sind Entwicklungsstörungen möglich, die – sofort behandelt – wieder behoben werden können.

Rechtzeitig mögliche Störungen erkennen

Gesundheitsstörungen, die jetzt entdeckt werden, können noch rechtzeitig vor der Schule „angegangen" werden.

Zusätzlich zur Generaluntersuchung wird dieses Mal auch der Blutdruck gemessen. Außerdem steht ein Hör- und Sehtest auf dem Programm. Der Hörtest wird meist mit einem Gerät vorgenommen: Das Kind bekommt einen Kopfhörer aufgesetzt und soll sagen, wann und auf welchem Ohr es einen Ton hört. Es werden verschiedene Laute und verschieden hohe Töne „gesendet". Hörschäden werden von den Eltern meist nicht wahrgenommen, denn offensichtlich hört das Kind ja gut, weil es auf Ansprache reagiert. Diese Beobachtung allein sagt jedoch noch nichts darüber aus, ob das Kind auch differenziert genug hören kann, um das Sprechen richtig zu erlernen. Der Arzt überprüft dies genau mit einem Hörtest.

Haltungsfehler und Muskelschwächen können jetzt ebenfalls festgestellt werden. Das Kind muss auf einem Bein stehen und hüpfen können. Das zeigt, ob der Gleichgewichtssinn optimal entwickelt ist. Gefahndet wird nach Bewegungsstörungen und die Feinmotorik wird wieder überprüft (das Kind muss die Spitzen von Daumen und kleinem Finger einer Hand aneinanderbringen können). Der Arzt wird sich auch mit dem Kind genauer unterhalten, um Sprachstörungen wie Stottern, Stammeln oder Lispeln zu erkennen. Bei schwereren Störungen kann er eine Spezialbehandlung veranlassen. Auch Verhaltensauffälligkeiten wie Nervosität oder Schlafstörungen gehören zum weiteren Testbereich dieser Untersuchung.

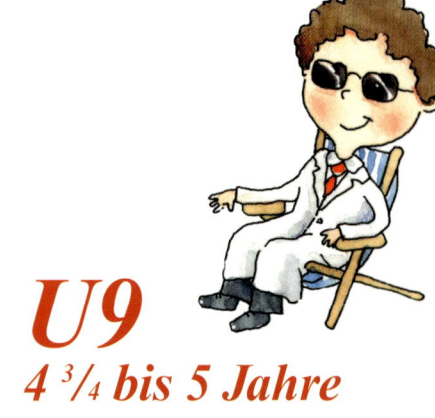

U9
4 ¾ bis 5 Jahre

Das ist die letzte Untersuchung vor der Einschulungsuntersuchung. Sie läuft ähnlich ab wie die Vorsorgeuntersuchung U8. Es werden alle Organsysteme getestet. Herz und Lunge werden abgehört, die inneren Organe abgetastet, die Geschlechtsorgane überprüft.
Außerdem werden Haltung, Koordinationsfähigkeit und Feinmotorik kontrolliert.
Jetzt ist es auch möglich, das räumliche Sehen zu testen (mit einem Spezialgerät), und ein weiterer Hörtest wird gemacht.
Die Sprachentwicklung und das soziale Verhalten des Kindes kann der Arzt in diesem Alter noch besser beurteilen, weil Kinder eher bereit sind, mitzumachen.
Ein Urintest mit einem Mehrfachstreifen soll Nierenkrankheiten, Harnwegsinfekte und Zuckerkrankheit ausschließen.

Die ersten sechs Lebensjahre im Überblick

Die körperliche Entwicklung

0 bis 3 Monate:

- wächst sehr schnell (innerhalb von sechs Monaten Gewicht verdoppelt)
- Atemfrequenz zirka 40-mal pro Minute
- Herz schlägt zirka 100- bis 140-mal pro Minute
- schläft viel
- schaut seine Hände an

4 bis 6 Monate:

- probiert ständig Muskeln aus (Schwimmbewegungen)
- hebt den Kopf und kann ihn bis zum 6. Monat gut beherrschen
- stellt sich auf die Füße, wenn es gehalten wird
- lernt, die Hände über dem Bauch zusammenzubringen
- stützt die Arme auf, wenn es auf dem Bauch liegt
- beginnt zu greifen (im 6. Monat greift es richtig zu)
- nimmt Spielzeug von einer Hand in die andere

7 bis 9 Monate:

- spielt mit seinen Füßen (7. Monat)
- dreht sich vom Rücken auf den Bauch und umgekehrt (7. Monat)
- greift selbstständig nach Spielzeug (7. Monat)
- bleibt kurz sitzen, wenn man es hingesetzt hat (8. Monat)
- greift mit den Fingerspitzen (8. Monat)
- robbt (9. Monat)
- zieht sich im Bett oder an Möbeln zum Stehen hoch (9. Monat)

10 bis 12 Monate:

- beginnt zu krabbeln (10. Monat)
- richtet sich im „Vierfüßlerstand" auf (10. Monat)
- setzt sich alleine auf (10. Monat)
- richtet sich an Möbeln aus dem Vierfüßlerstand auf (10. Monat)
- greift im „Pinzettengriff" nach kleinen Krümeln (10. Monat)
- bleibt kurz auf dem ganzen Fuß stehen, wenn es gehalten wird (10. Monat)
- klopft Spielsachen gegeneinander und wirft sie mit Schwung weg (10. Monat)
- krabbelt perfekt (11. Monat)
- sitzt beliebig lange alleine (11. Monat)
- macht einige seitliche Schritte an Möbeln entlang (11. Monat)
- greift nach kleinen Dingen im „Zangengriff" (11. Monat)
- geht erste Schritte an der Hand (12. Monat)

Zweites Lebensjahr:

- wächst zirka 10 Zentimeter
- kann gut alleine laufen (spätestens mit 18 Monaten)
- steigt Treppen hinauf (erst mit Festhalten, gegen Ende des Jahres freihändig)
- klettert auf Sessel und Stühle
- isst mit dem Löffel
- fädelt größere Perlen auf

Drittes Lebensjahr:

- lernt mit Messer und Gabel zu essen
- beginnt langsam, sauber zu werden
- bekommt längere Arme und Beine
- steht auf einem Bein
- springt vom Stuhl
- lernt, Knöpfe auf- und zuzumachen
- wirft einen Ball zirka eineinhalb Meter weit und trifft das Ziel

Viertes Lebensjahr:

- wird tagsüber trocken
- wächst rund 7 Zentimeter (Abweichungen von 8 Zentimetern sind normal)
- verliert den Babyspeck
- Atmung und Puls werden langsamer
- klettert sicher auf Bänke und Stühle
- springt etwa aus einer Höhe von 30 Zentimetern, ohne sich zu verletzen
- lernt Zweirad (mit Stützen) fahren

Fünftes Lebensjahr:

- wächst zirka 6 Zentimeter (Abweichungen von 6 Zentimetern nach oben und unten sind normal)
- fährt gerne Fahrrad oder Tretauto
- lernt Rollschuh, Schlittschuh oder Ski laufen
- kann Schnüre stricken, Nägel einschlagen und einfache Halsketten schließen
- tobt, klettert, balanciert sicher und gerne

Sechstes Lebensjahr:

- wächst stärker in die Länge als in die Breite und wirkt deshalb schlaksig (Durchschnittsgröße 115 Zentimeter, 9 Zentimeter Abweichung sind normal)
- Gesichtszüge werden ausgeprägter
- Ende des Jahres kann bereits der Zahnwechsel beginnen
- kann Rad fahren (ohne Stützen)
- kann exakt ausschneiden oder kleine Schrauben einschrauben

Geistige und soziale Entwicklung

0 bis 3 Monate:

- Nervensystem ist noch nicht ausgereift
- erkennt die Mutter
- lächelt

4 bis 6 Monate:

- lacht laut
- lacht und weint differenzierter (unterschiedlicher, je nach Bedürfnis)
- reagiert auf freundliche/strenge Ansprache

Geistiges und soziales Wachstum 155

- konzentriert sich auf Bewegliches
- steckt alles in den Mund
- unterscheidet zwischen bekannten und unbekannten Personen

7 bis 9 Monate:

- „versteckt" sich
- interessiert sich für Einzelheiten am Spielzeug, die es längere Zeit konzentriert betrachtet
- will überall dabei sein
- entdeckt eigene Lautmalereien
- schaut gern in den Spiegel
- reagiert ängstlich gegenüber Fremden
- lässt Spielzeug absichtlich fallen
- mag leise Geräusche (zum Beispiel Uhrenticken)
- steckt die Hand in einen Behälter (und lernt dadurch Räume kennen)
- versteht, was vorne und hinten ist
- spielt gerne Verstecken und Suchen
- artikuliert klar zweisilbige Wörter

10 bis 12 Monate:

- ahmt die Gesten anderer nach
- macht „winke-winke" oder „bitte-bitte"
- reagiert auf Fragen (etwa: „Wo ist das Licht?")
- findet versteckte Gegenstände (wenn es vorher gesehen hat, wo sie versteckt wurden)
- versteckt selbst Spielzeug
- zieht Spielzeug an einer Schnur (oder am Tischtuch) zu sich heran
- isst Keks (oder andere „handliche" Sachen) alleine aus der Hand
- lernt, aus der Tasse zu trinken
- versteht „Nein"
- legt Sachen in ein Gefäß oder in die Hand der Mutter

Zweites Lebensjahr:

- unterscheidet eindeutig zwischen innen und außen, oben und unten, hinten und vorne
- sortiert Spielzeug nach Größe und Form (manchmal auch nach Farbe)
- spielt zirka 20 Minuten äußerst konzentriert mit einem interessanten Spielzeug (dieses sollte aus mehreren Teilen bestehen)
- steckt seine Fingerchen in kleine Hohlräume
- lernt, sich gut in der Wohnung zu orientieren
- schiebt einen Stuhl zum Tisch, um hochzukommen
- ist gleichzeitig draufgängerisch und ängstlich
- kann sehr zornig werden
- merkt, dass es sich von anderen unterscheidet
- wacht nachts oft wieder auf und will getröstet werden
- braucht Grenzen

Drittes Lebensjahr:

- will mit anderen Kindern spielen
- kann sich Gegenstände nach mehreren Merkmalen merken
- lernt einfache Lieder oder Verse auswendig
- kann Erlebnisse erzählen
- stellt Zusammenhänge her
- fragt sehr viel
- sagt zum ersten Mal „ich" (gegen Ende des Jahres) und begreift sich damit als eigenständige Person
- entdeckt den eigenen Willen und probiert ihn auch aus
- ist häufig zornig und trotzig (Trotzalter)
- hilft gern im Haushalt

Viertes Lebensjahr:

- interessiert sich für die Familie
- lernt zu warten
- spielt gerne mit anderen Kindern
- kann kleinere Entfernungen abschätzen
- entwickelt ein Zeitgefühl, interessiert sich für gestern, heute, morgen und so weiter
- stellt viele und komplizierte Fragen
- lernt gerne Lieder und trägt sie vor
- sieht manches ein
- übernimmt schon ein wenig Verantwortung
- kann Bedürfnisse für kürzere Zeit aufschieben
- weiß oft schon, was richtig und falsch ist
- fängt an, Freundschaften zu schließen
- zeigt Mitgefühl
- kann sich gut in eine Kindergruppe einfügen

Fünftes Lebensjahr:

- mag Spielregeln
- hat ein sehr gutes Gedächtnis
- lernt Verse oder Lieder rasch auswendig
- kann Geschichten fast wörtlich nacherzählen
- will überall mitreden
- imitiert Erwachsene
- fragt viele schwierige Sachen
- kennt abstrakte Oberbegriffe wie Fahrzeuge, Werkzeuge etc.
- bleibt alleine bei Freunden
- lädt gerne Kinder zu sich ein
- fühlt sich in der Gruppe sehr wohl und zugehörig

Sechstes Lebensjahr:

- entwickelt Pflichtbewusstsein
- kann sich beherrschen
- will etwas leisten und können
- fragt nach Zusammenhängen
- kann sich längere Zeit auf ein und dasselbe konzentrieren
- kennt die Zeit (Tag, Woche, Monat, Jahr)
- weiß, was jünger oder älter ist
- erzählt fantasievolle Geschichten
- kann sich in andere hineinversetzen
- will selbstständig und frei sein
- kann oft sehr wütend werden (zweite Trotzphase)
- spielt am liebsten in kleineren Gruppen
- teilt sich mit anderen Kindern Aufgaben
- schließt enge Freundschaften
- respektiert Wünsche anderer

Entwicklung der Sinne

0 bis 12 Monate:

Alle Sinne haben sich bereits im Mutterleib entwickelt. Bei der Geburt sind Tast- und Bewegungssinn am stärksten ausgeprägt. Ebenso sind Geschmacks- und Geruchssinn hoch empfindlich. Hören und Sehen und das Zusammenspiel der einzelnen Sinne müssen sich im Lauf der nächsten Jahre noch mehr differenzieren. Etwa im vierten Monat beginnt das Baby, räumlich zu hören.

Zweites Lebensjahr:

Jetzt spielen die Sinne schon etwas besser zusammen. Das Kind kann bereits Geräusche unterscheiden und kleine Details (Knöpfe, Augen, Löcher) gut erkennen. Der Tastsinn ist noch dominant.

Drittes Lebensjahr:

- die Sehschärfe nimmt zu
- optische Wahrnehmungen überflügeln an Wichtigkeit die Tastempfindungen

Viertes Lebensjahr:

- lernt das räumliche Sehen

Fünftes Lebensjahr:

- Sinne entwickeln sich im Zusammenhang mit der geistigen Entwicklung immer besser

Sechstes Lebensjahr:

- Am Ende des Jahres hört und sieht ein Kind beinahe ebenso wie ein Erwachsener. Es deutet lediglich seine Wahrnehmungen noch etwas anders.

Entwicklung der Sprache

0 bis sechs Monate:

- brabbelt, juchzt und prustet

Sieben bis zwölf Monate:

- verändert die Stimmlage
- flüstert (8. Monat)
- bildet zweisilbige Wörter (9. Monat)
- spricht Silben nach (10. Monat)
- bezeichnet etwas mit Wörtern („ham-ham", 11. Monat)
- Sprache wird deutlicher, Bezeichnungen häufiger (etwa „ga-ga" für Ente, 12. Monat)

Zweites Lebensjahr:

- spricht Zwei- und Dreiwortsätze

Drittes Lebensjahr:

- Sprache wird perfekter

- mag sich gern „unterhalten"
- spricht komplexere Sätze, manchmal sogar schon verschachtelt

Viertes Lebensjahr:

- drückt sich fast nur noch sprachlich aus
- verwendet Schimpfwörter
- macht Sätze mit sechs bis acht Wörtern

Fünftes Lebensjahr:

- verwendet schwierige Redewendungen

Sechstes Lebensjahr:

- hat großen Wortschatz
- versteht sehr viel (passiver Wortschatz ist noch größer als der aktive, den es zum Sprechen verwendet)
- bildet komplizierte, komplexe Sätze, meist mit richtiger Grammatik

Gesundheitsvorsorge auf einen Blick

Vorsorgeuntersuchungen sind kostenlos und sollten unbedingt wahrgenommen werden:

U1	gleich nach der Geburt
U2	3. bis 10. Lebenstag
U3	4. bis 6. Woche
U4	3. bis 4. Monat
U5	6. bis 7. Monat
U6	10. bis 12. Monat
U7	21. bis 24. Monat
U8	3 ½ bis 4 Jahre
U9	4 ¾ bis 5 Jahre

Impfungen

3. bis 4. Monat	Erste Zweifachimpfung gegen Diphtherie und Tetanus
	Erste Schluckimpfung gegen Kinderlähmung (Polio)
	Erste HIB-Impfung gegen Meningitis (bei Bedarf)
6. bis 7. Monat	Zweite Zweifachimpfung gegen Diphtherie und Tetanus
	Zweite Polioschluckimpfung
	Zweite HIB-Impfung gegen Meningitis
15. Monat	Impfung gegen Masern, Mumps und Röteln
18. Monat	Auffrischungsimpfung gegen Diphtherie und Tetanus
	Dritte Polioimpfung
6 Jahre	Auffrischungsimpfung gegen Diphtherie

Register

A
Abkühlung 14
Abstillen 141
Acht-Monats-Angst 32
Aktivitäten, außerhäusliche 104
Alter, das magische 70
Anführer 127
Anlagen 12
Anregungen 15
Aufmerksamkeit 31 f.
Augenmuskeln 23
Auseinandersetzungen
  mit anderen 108
Autonomiephase 72

B
Badespaß 18
Ballspiele 35, 59 f.
Bauchschaukelbewegung 23
Bedürfnisse 12
Begriffe 53
Bereich, kognitiver 104
Bereich, sozialer 104
Bewegungsspiele 43 ff., 57 ff.,
  82 ff., 100 ff.,
  117 ff., 135 ff.

D
Denkspiele 92 f., 113 ff.

E
Eier 146
Einschlafen, Rituale zum 61
Entdeckerlust 86
Entdeckungsreise 28
Entwicklung im Überblick 153 ff.
Entwicklung, geistige 106 f., 125 f.
Entwicklung, geistige und
  psychische 88 f.
Entwicklung, motorische 71, 71, 88,
  105 f., 124 f.
Entwicklung, soziale 71 f., 90 f.,
  107 f., 127 f.
Erinnerungsvermögen 52
Erkundung der Umwelt 86
Erkundungsspiele 76 ff.
Ernährung 50 f., 87, 140 ff.
Ernährungsgewohnheiten 144 f.
Ernährungstabelle 143

F
Fallen 28
Fantasiegeschichten 125
Fertigmilch 142
Figuren 20
Fingergesicht 35 f.
Fingerspiele 44 f.
Fingertupfen 27
Fingerverse 38

Fleisch 146
Fliegen 27
Förderspiele 17 ff.
Forscherdrang 76
Fragealter 107
Fremdeln 24 f.
Füße 30

G
Geben – nehmen 26
Gehen 42 f.
Gehen, alleine 51
Gehör 34 ff.
Gehörgänge 15
Gemüse 146
Geräusche 33, 33, 37
Geschicklichkeitsspiele 44
Geselligkeit 68
Gesichter 20
Gesichter, lustige 35
Gestalten 115 ff.
Gestaltungsspiele 75 f.
Gewichtskontrolle 141 f.
Gewürze 142
Gießkanne 26
Gleichgewichtssinn 34 ff.
Greifen 19, 24
Grimassen 20
Gymnastik 25 f.

H
Hände 24
Hände, Fähigkeiten der 51
Handgeschicklichkeit 34 ff.
Haustier 123
Hautkontakt 25
Hilfsmittel 52
Hochziehen 32
Hoppe, hoppe Reiter 38
Hund und Katze 36

I
Ich-Bewusstsein 90

K
Kälteschock 14
Kindergarten 91, 104
Kitzelspaß 28
Klangspiele 19, 78 ff.
Klatschen 27 f.
Knisterpapier 36 f.
Konzentrationsfähigkeit 31 f.
Körperkontakt 25
Körpertemperatur 14
Krabbeln 26, 40 ff.
Krankheiten 87
Kreativspiele 97 ff.
Küsschen 36

Hier finden Sie nützliche Tipps und Adressen

Stillgruppen *gibt es in fast allen Städten und kleineren Orten. Infos in der Entbindungsklinik, beim Frauen- und Kinderarzt.*

Mütterberatung *wird von den Gesundheitsämtern angeboten. Wo und wann sie stattfindet, weiß der Kinderarzt.*

Erziehungsberatung *wird kostenlos von staatlichen und kirchlichen Stellen angeboten. Bei Problemen sollte man keine Scheu haben hinzugehen. Die Mitarbeiter unterliegen der Schweigepflicht.*

Mütterzentren *sind Selbsthilfegruppen von Müttern. Man kann sich dort austauschen, etwas gemeinsam unternehmen, gegenseitig Hilfe anbieten. Adressen im Telefonbuch.*

Nachbarschaftshilfe *ist in vielen Orten organisiert (Telefonbuch oder Gemeinde). Dort gibt es z. B. Babysittervermittlung, Hilfe, wenn die Mutter krank ist usw.*

Adressen:
- *Aktionskomitee Kind im Krankenhaus, Kirchstraße 32, 61440 Oberursel*
- *Arbeitsgemeinschaft allergiekrankes Kind, Nassaustraße 32, 35745 Herborn*
- *Bundesarbeitsgemeinschaft Elterninitiativen, Einsteinstraße 111, 81675 München*
- *Deutscher Kinderschutzbund, Hinüber Straße 8, 30175 Hannover*
- *Kindernetzwerk, Hanauer Straße 15, 63739 Aschaffenburg*
- *Verband allein erziehender Mütter und Väter, Hasenheide 70, 10967 Berlin*

L
Lachen 22
Lungenatmung 13

M
Malen und Gestalten 133 f.
Massage 17 f.
Mobile 19, 23
Mobilität 31
Mund 22
Musik 18
Musik und Rhythmus 110 ff.
Musikspiele 43 f., 96, 131 f.
Muskeln 22
Muttermilch 13, 140

N
Nähe 13
Nährstoffe – größere Kinder 145
Nährstoffe – kleine Kinder 145
Nahrung, feste 142
Nervensystem 15, 69

O
Obst 146
Ohrenschmalz 15

P
Pinzettengriff 40 f.
Pubertät, kleine 127

R
Rollenspiele 73 ff., 91, 94 f.

S
Sätze 70
Schadstoffe 145 f.
Schaukeln 37 f.
Schlafbedürfnis 33
Schlafverhalten 25
Schwindeleien 90
Sehen 15
Selbstständigkeit 68
Signale 16
Silbenketten 31
Sinnesorgane 14, 51
Sitzen 20
Speiseplan, gesunder 141
Spiel, immer dasselbe 108
Spiele für die Hände 60 ff.
Spiele für die Sinne 109 f.
Spiele für Wahrnehmung
    und Konzentration 132 f.
Spiele mit anderen Kindern 80 ff.
Spiele zum Denken und
    Gestalten 55 f.
Spiele zum Hören 62 ff.
Spiele zum Schauen 64 ff.
Spiele zum Sprechen und
    Denken 128 ff.
Spielgruppe, private 91
Spielzeugregen 36
Sprachentwicklung 53
Stillen 13, 140 ff.
Stillgruppe 141
Stoffwechsel 13
Strampeln 22
Süßigkeiten 143 f.

T
Tagesmenü, gesundes 145
Talente 12
Tastsinn 14
Tauziehen 35
Temperaturunterschiede 14
Tobespiele 47 f.
Trommeln 27
Trotzalter 72
Trotzphase, zweite 127
Turnen 20

U
Überhitzung 14
Untergeordneter 127

V
Verhalten, konsequentes 54
Verkehrsspiele 99 f.
Verstecken 28
Vollkorngetreide 146
Vorschulalter 122 f.
Vorsorgeuntersuchungen –
    U1 bis U9 148 ff.

W
Wahrnehmung 41
Wahrnehmungsfähigkeit 69
Wasserspiele 35, 46 f.
Weinen 23
Weltbild 70
Wind 27
Wissbegierigkeit 89
Wohnung, kindersichere 32
Wortschatz 125
Wutanfälle 72, 90

Z
Zangengriff 42